拾貓

TAKE MEOW HOME

石樂彤 —— 著　葉漢華 —— 攝影

目錄

序一

石樂彤

在撰寫這書的期間，我腦中不斷浮起一些往事。

大概在我兩、三歲的時候，父母將我交給在鄉郊居住的親友照顧。鄉郊四處都是流浪唐狗，當有外人來時，牠們的吠聲很響亮，但我從不害怕牠們。然後有一天，村裏突然出現了一隻我稱之為「大頭六」的古代牧羊犬，灰灰白白、大大的，我極喜愛。親友說牠是被人「放生」的，小小的我不知何謂放生，只知道很快這隻狗便被人帶到更遠的地方「放生」了。後來，我開始明白這樣的「放生」原來是拋棄。

到我年紀大一點，我的姨姨從朋友家收養了一隻史納莎犬。這隻狗沒有史納莎的活潑，不會吠，替牠戴上口罩後會全身發抖，原來原主人的哥哥待牠不好，所以原主人才把牠送走，幸好牠在第二個家中得到了很多疼愛牠的人。

被放棄的毛孩，能不能再得到愛要看命運的安排。感謝這個社會有不少有心人，盡心盡力為牠們締造幸福。這些人為毛孩以及牠們的領養家庭的生命帶來影響，我希望也有人透過他們的故事得到啟發，以生命影響生命。

感謝書中的各位受訪者分享他們的故事。感謝本書的編輯莊櫻妮小姐及攝影師葉漢華先生一同的努力，才能完成這書。感謝我的陶藝老師梁祖彝先生，慷慨借出工作室，讓總是無法在家專心寫作的我完成這書。我更要感謝Neinei、花花以及牠們的主人。沒有你們，我無法體會到與貓生活是一件如何幸福的事。

序一

葉漢華

香港社區貓數量之多，令一位來港旅遊的台灣朋友感到驚訝。離鐵路站數分鐘，已見數隻社區貓。而她不知道的是，在九龍核心區域，每個站也如此。

事實上，社區貓的存在一般都被忽略，往往只有在貓與人出現衝突時，貓的存在才會被確認，繼而被消滅。只有少數人，籠統地稱之為「義工」，出於各種各樣理由，為社區貓提供日常所需、醫療以至庇護，為貓也為人籌謀更合理的生活模式。

大多數人不關心社區貓，沒理解義工的動機，也沒有留意義工工作的成果。於是有人會為社區建設趕走原居貓、有人視社區貓為猛獸、有人硬要義工接收遺棄貓、有人要求義工廿四小時候命，還有人因為領養條件高而對義工恨之入骨。

香港貓義工雖然只佔少數，但他們遠遠不只十來人，一本書又豈能盡錄？書中受訪者都在各自範疇內經營了相當長的時間，代表了某一階層某一圈子的聲音，都是

「動保」歷史中的註腳，真真實實地改變了社區。即使微小，不能只有我們看到。

除了感謝各受訪者，也再向婉拒受訪及一些未有出現在書中，卻在籌備過程中提供意見，幫忙聯絡的朋友說聲謝謝。

最後，衷心感謝遇上過的社區貓朋友。你們，是我的動力。

那裏有貓

MEOW IS THERE

文／葉漢華

出門就可以遇見貓，是幸福的。

時間久了，會知道更多從前沒看見的地方，了解牠們生存上遇到的困難。為了讓貓可以真正幸福地生活，街坊們一直在努力。

這些年來，這裏出現過很多很多貓，有些只碰上過一兩次，又有些經常碰見但又未有深入了解，所以沒有正式記錄下來。

新的舊的路過的閃現過的，多得數不出。

即使已經離開此地，仍希望各位好好地活下去。

黑白霸

巴士站附近，偶爾會聽見貓叫聲。聲音有點嬌，卻很響亮。然而，總是看不見貓。

某日傍晚，餵貓老伯的身影出現在閘口，一團黑色毛球就走出來，親切地在老伯雙腿間打轉，一直「喵喵」叫個不停。我就知道，那天晚上「碰見」的就是牠。

這一帶沒太多不怕人的貓，只要留在特定範圍內，或者有眼神接觸，毛球就會叫。披著一身長毛，四腳踏雪，戴有白領巾，拖著蓬鬆的松鼠尾，走起路來看似沒有腳，遠看就是一團移動毛球，叫黑白霸。

說牠是「霸」，也有原因的。

個子本來就不小，加上一身長毛，看起來身型更巨大。而牠也真的是區域的王，新來的貓都要跟黑白霸打好關係，才可以留下。然而黑白霸也非兇狠的貓，只要給牠面子，比如說開餐時讓牠先吃，就沒問題。很多年了，黑白霸就在巴士站一帶活動，好幾個餵貓的都認識牠，疼愛牠。

那個冬天，老伯伯說黑白霸病了，沒胃口，也不太願走動。其他街坊知道了，就給牠預備各種好吃的，逗牠吃，陪著牠吃。胃口好了，體力又恢復，大概憑自身抵抗力，黑白霸康復過來。

每到農曆新年，村內不時會燃起炮竹。那一年，事情不一樣了。老伯伯說，年初一，黑白霸被炮竹聲嚇著，一直往山坡跑，之後就沒有再回來。

之後幾天，特意往山的方向走，希望遇見牠，帶牠回來。

搜索行動維持了很短時間。大概個多星期後吧，由老伯伯口中得知，清道員在另一端的馬路上撿了一條貓屍體，很大很重的黑白貓屍體。

黑白霸走了以後，那位跟著牠的灰毛藍眼英俊小生，被打得傷痕滿面。

灰毛藍眼英俊小生就是灰哥，一副「牌子貓」面孔，有別於普遍社區貓。而且宏觀一帶都沒有相似的貓，牠準不是在街上長大的。

灰哥對人甚為謹慎，不易靠近。拜在黑白霸門下，跟其他黃貓門生一同生活了好些日子。直到黑白霸死後不久，灰哥就沒有再出現。

鐮刀煞龍族

龍族人才濟濟，除了黑白霸和鬆尾黃兩個各據一方的霸主，還有神出鬼沒的黃藥師。黃藥師在記錄上只出現過一次，就是中伏被捉往絕育那次。可惜，絕育還是來得太遲，種子早已播下，不知名母貓在盛夏為黃藥師生下了六個孩子。

六個小鬆尾之中，四個跟父親一樣披黃衣，兩個三色，住在橋底。三色的最害羞，也就是龍五和龍六，老是躲起來，被遺忘一段時間後，就消失在草叢中。穿黃衣的幾個都貪玩貪吃，尤其是龍一，所以牠是最早被抓到的，後來幸運地得到上樓的機會。

黃藥師大概回了牠的挑花島，大哥又上樓了，群龍頓時無首。碰巧，野心家漢堡包嗅到橋底貓餐廳有源源不絕的食物，經常跨區光顧。龍二、龍三跟龍四見有大哥罩，就跟著離開橋底，走馬路到別墅去。漢堡包亦一點也不介意，當上了大哥，又或者是義父，總之小鬼們要吃的有吃的，要枕頭有枕頭，甚為照顧。

其實龍二、龍三跟龍四一直都是虛稱，因為牠們三個樣子幾乎一樣，根本分不清。直至冬天過後，別墅只剩一個小鬆尾，就決定叫牠龍二，獨個回到橋底的是龍三，但也近一個月沒露面了；不知去向的是龍四。

別墅其實蓋在鐮刀刃鋒之上，在風水上稱為「反弓水」，又名「鐮刀煞」。刀的軌跡微微下斜，去勢更強，而且在彎心看不到來處，也就是說，只有走在路中心，才得看見市虎的來勢。

有一天，也許是想起了龍三和龍四，也許是別的原因，龍二決定回老家去。

兄弟找不著，心中滿是失望，就在回程的途中，在煞氣騰騰的刀鋒上，狠狠地給撞上，就這樣走完最後一段路。那天，七月還未開始，龍二還沒有渡過一個完整的炎夏。

漢堡包

這個包包面大哥，是一名浪子，勢力範圍挺大的。老家在別墅那邊，時而在二百多步外的石灘上曬太陽，時而橫過四條行車線，到村口停車場附近找吃的，再由草地那邊過馬路回家。其實草地旁就是行人天橋，但我想漢堡包不會那麼守規矩。而且，草地是鬆尾黃的主場，漢堡包也盡量避免途經。

貓大哥們過馬路，也實在太叫人擔心。

漢堡包對自己頗有信心，不怕人，只怕人煩。跟牠打招呼，漢堡包會回應，但不要走太近，否則牠轉身就走。

龍二、龍三及龍四本來在學校附近混，但那邊貓多，日子過得不太好，就跟上了漢堡包。漢堡包好像也不抗拒，龍系列也就認了牠做大哥。

漢堡包大人殊不簡單，三番四次避過捕捉行動。

這一次，跟街坊溝通好，牠已餓了一整天。包大人見有人來了，就趕緊在行人路邊催促奴婢端上食物。用食物引誘，是絕育放回行動普遍的做法。一如既往，你騙不到牠。放在籠外頭的頭盤，大人樂意沾兩口。把主菜放在捕貓器裏嘛，大人連嗅一下也覺得侮辱了牠。乾糧試過，不同種類的罐罐試過，鮮魚和烤魷魚也試過，就是沒辦法叫大人看上眼，大怒之下轉身就走。

肚總得要填，包大人自有方法。大人勇於四處闖蕩，心中早有附近所有貓餐廳的位置圖。這一次，包大人沿岸走了二百米到達泵房餐廳。

這下子，包大人真的火大了！走了那麼遠，餐廳竟然空無半顆貓餅！泵房三小鬼已長成，被納入了絕育放回行動名單中，所以餐廳也沒營業，方便誘捕。

接近凌晨二時，奴婢要舉手投降，準備把午、晚、早三餐一次奉上。納悶的包大人立即轉身，吼了一聲，大概是咒罵之類吧，頭也不回就打道回府了。還好的是，漢堡包是沿河堤走，而不是越過馬路往村子那邊的貓餐廳走。要是在路上出車禍，我就害死牠了。

漢堡包的野心，由牠幹的好事看得出來。

別墅外的皇后，是元配，亦是最早被帶往絕育的，那時候已懷了三隻小貓，都保不住。後來，別墅又冒出了一隻很幼小的灰貓，看起來最多八、九個月大，小小的身軀竟懷了六胎。半個月後，在泵房捉到了一度失蹤的三色貓媽，也懷了三胎。

基於牠的步幅及區內其他未絕育公貓的勢力範圍估計，這些好事都應該可以算在漢堡包頭上無誤。在漢堡包不知道但又距離不遠的地方，其實最少還住有一位貓女。在牠們相遇之前，一定要捉到其中一個。

頸帶

突然間，今晚成為了「絕育放回」之夜。

我還是對漢堡包念念不忘，因為牠幅員特別廣闊，野心很強，隨時搞出貓命，得趕快逮到牠帶去絕育。

在等待漢堡包露面時，妹妹跟男友踏單車經過，告訴我路邊有貓屍體，他倆把貓埋了在旁邊的沙地。是一隻黑白成年貓短毛，很重的一隻貓。

妹妹沒拍下照片，一下子，我也想不到附近有符合條件的貓。街坊說，大年初一，村口的長毛黑白霸被爆竹嚇跑後，就一直沒出現。難道是牠？但妹妹說她埋的是短毛貓。

跟漢堡包僵持到午夜，再一次被拒絕，只好放棄。急急往沙灘去，不得已打擾黑白貓。即使是出事了，我也得知道牠是誰。

翻開一層層的沙，黑白貓一點點的浮現出來。撥開臉頰的沙，我就知道，是牠了，早前疑似走失的黑白大貓！

身體仍柔軟，說不定出意外時我正專心於包大人身上，沒察覺另一邊的事。

一個月前首次碰面後，就再沒見過牠。一邊是鬆尾黃，另一邊是漢堡包，這位黑白大貓確實很難在這一帶站得住腳，早知道牠不能久留。時間過去，我以為黑白貓已走遠了，原來還一直在附近，大概是偷偷摸摸地覓食，吃過飯就又東閃西躲，最後給市虎撞個正著。

今晚雖然也捉不到漢堡包，但卻成功逮到三隻貓帶去絕育。從愛協回程的路上，想起撥開沙粒後，黑白貓頸上有一圈壓平了的毛，牠應該有一條頸帶才對！

回到那彎位，停下車，特意去找。在車道旁，找到了。我把這個留下，沒有還給黑白貓。

如果你認識這隻黑白貓，很難過地告訴你，牠走了。

如果你遺棄了這隻黑白貓，你害死牠了。

灰姑娘

一看就知道，又是一隻「牌子貓」。牠的出現也算奇怪。

某個夏夜，石隙冒出一隻灰貓，大驚！哪來的貓？在別墅外跟漢堡包、皇后、老黃白還有牙痛仔四個相處了大半年，毫不知道那裏還有別的貓。

自從灰姑娘出現，皇后就很不高興，每次相遇都定必大打出手。所以灰姑娘通常都躲在草叢間，看見漢堡包或是到了開餐時間才會現身。

年輕貌美的灰姑娘，既是漢堡包的目標，也是我們絕育的目標。始終，近水樓台，漢堡包還是快一步，等抓到灰姑娘時，牠已懷孕了。

經過手術後的休養，灰姑娘回到別墅外，又過了半年，漢堡包跟皇后一同入了屋，就剩牠跟老黃白兩個。

街坊早就想收養牠，卻未有行動。直到冬天，少有的超強寒流來臨之前，大家就動起來，花了兩天才抓到牠。自此牠改名「香香」，也過得像個公主。

老黃白

牠有多老，誰也說不準。有記錄以來，牠已是頭成貓，帶點佬味也帶點滄桑，給人很有歷練的感覺。相對漢堡包跟皇后的活躍，老黃白就低調很多，喜愛躲在石隙或廢棄小船上睡覺，也見過牠靜悄悄地從別墅走出來。開餐時牠會靜觀其變，讓其他貓先上前。

隨著相處的時間多了，發現牠的身型有周期性的轉變，時而肥胖時而消瘦。原來牠牙齒爛掉了很多，狀態差時影響進食，也就消瘦。情況好轉，牠就拼命吃，於是胖起來，不斷循環。後來抓到了牠，剝了大部份牙齒。考慮到牠的年紀和身體狀況，手術後嘗試替牠找入屋的機會。

通常成貓的成功機會不高，加上身體曾出毛病，大家也不樂觀。現實卻間中有驚喜，有緣人很快就出現。

入屋後，老黃白對人建立起信心，竟然可以跟人直接接觸。另一方面，牠也豎立起大哥的風範，會追趕其他貓，建立地盤。這些事從來沒有在別墅時見過，可能是漢堡包太強勢，老黃白根本沒機會把性格展現出來。

現在牠叫 Mark 哥，睡姿還是佬味十足，跟其他三貓一起生活。

五美

五美原居於別墅內，別墅的籠內。

多年前曾有傳聞，電訊公司的技師離開別墅時，在門外剛好遇上探貓的街坊，相談之下技師說看見屋內有個大籠，裏面很多貓，很餓似的。技師看不過眼，把自己的午餐分了給貓。

傳聞就只是傳聞，反正沒法進入，就沒當一回事。直到後來別墅「戶主」主動請求幫忙，把貓帶往絕育，終有機會了解一下。

正因為有過傳聞，看見鋼籠時沒太大驚訝，反而是籠內的貓，共五隻，都帶有「牌子貓」味道，跟附近一眾「牌子貓」連起來，讓人聯想到很多事情。可惜「戶主」不在，在場的外籍傭工也似乎不太願多說，只好捉走再算。

當中有隻體型較大的，十分有趣，沒半點驚慌，竟然處之泰然地在籠內理毛。五位美女都被帶往愛協絕育，而那位淡定姐，大概因為太友善或不懂得怕，給愛協選中轉往領養部，改了名叫「Coco」。雖然後來有點波折，仍得到入屋的機會。

其餘四美回到別墅後，都被趕了出去，門縫亦給封上，四美正式進駐昔日漢堡包的地盤。

大概又過了大半年，巴士站出現了一隻十級友善的貓，對照舊相片才確認牠是五美之一。不知牠為何獨個兒走那麼遠來到另一邊，只知牠不願走，因街坊們都喜歡牠，有人特意天天找牠聊天。

無論如何，過馬路太危險，不回別墅去更好。

不久，牠也入屋了。

屋苑裏面，有數隻白貓。其中一隻，總是獨個兒在遠處，從不入群，也不愛別的貓走近。看似孤單。但「獨白」並不冷漠，每當看見專程帶食物來的婦人，都會高興地上前迎接，表現友善。與其說是孤單，不如說是選擇，獨白選擇了自己的生活方式。

小溪
泵房
泵房族
獨白
車場天台族
私樓區
屋苑遊民

五美族
別墅區
漢堡包族
行人橋
鬆毛王族
龍族
學校
村屋
舊村族

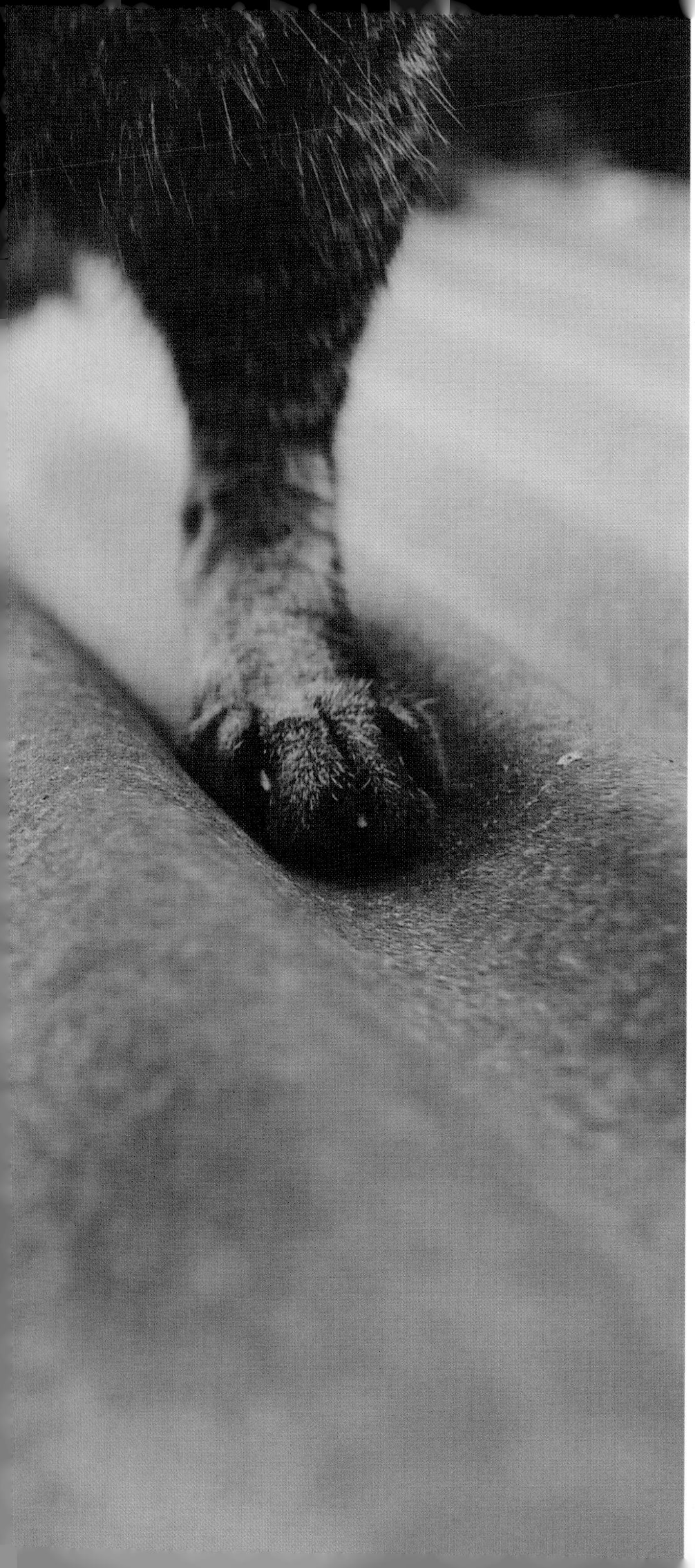

帶貓回家

文／石樂彤

在香港，一隻貓如何生活？

有家的貓不須擔心食和住的問題，當然幸福。但動物醫療費用昂貴，有部份主人不願負責龐大的醫療開支，在貓貓年紀大了、身體出現問題時選擇遺棄；結婚、分手、懷孕、移民、搬家等都是常見的棄養藉口。

至於流浪街頭的貓，除了要面對糧食不足、疾病、被狗隻（或人）攻擊的危機外，不喜歡牠們的人甚至會向漁農自然護理署（下簡稱「漁護署」）作出投訴。漁護署在接到投訴後，就會在該地區放置捕獸籠，所有捕捉回來的流浪貓狗，都會被

送往漁護署轄下的四個動物管理中心。動物管理中心同時接收市民棄養的動物，被送進這裏的動物，四天內沒有主人領回，除了幸運的少數被送往動物福利機構供市民領養，其餘的都被人道毀滅。

香港的動物保護政策，可謂十年如一日。棄養不是犯法，只須將你的寵物帶往任何一間動物管理中心，填妥一份「要求放棄動物申請表」及簽署作實便成；虐待動物搜證難，成功檢控的案件少之又少，即使被判罪成，刑罰亦沒有阻嚇力。

政府不做的事，就由民間來做。據漁護署數字，二〇一七年有三百八十一隻貓在漁護署遭人道毀滅，與二〇〇七年的四千八百一十三隻相比，十年前後數目相差逾十二倍。這個數據得來不易，一班愛貓、不忍看到貓受苦的善心人的努力實在不容忽視。

香港愛護動物協會（下簡稱「愛協」）於二〇〇〇年展開貓隻領域護理計劃（CCCP），希望以較人道的方法解決流浪貓過度繁殖的問題。一隻沒有絕育的母貓十個月至歲半大便有繁殖能力，一年可生產兩胎，而每胎可達六隻小貓。CCCP採用「捕捉、絕育、放回」的方法，在愛協登記的義工，可以將流浪貓帶往愛協進行絕育手術、預防注射和植入晶片，並剪耳角作記認後放回原居地，以「自然流失」的方法，避免流浪貓無限繁殖，以控制流浪貓的數量。CCCP目前登記義工超過一千七百人（截至二〇一八年），活躍人數約為八百人，計劃自展開以來為超過六萬七千隻流浪貓進行了絕育。

一些親人、生病、太小或被棄養的貓，均不適合在街上生活。於是有些善心人自發為這些貓提供暫時容身之所，加以照顧以及為牠們尋找願意與之共老的人。在暫託期間的飲食、醫療等費用，並沒有得到政府資助，全由善心人自己負責，或由他人捐助。在他們的默默付出及長期努力下，流浪貓數量甚至遭受人道毀滅的貓隻數目皆有減少。

但因為在街流浪或被遺棄而無辜遭受人道毀滅丟失性命的貓，仍然一隻都嫌多。

甘地的一句名言：「一個國家的道德水準，看它對動物的態度便可以知道。」以香港的動物保護政策制定及實行來看，香港可算非常落後。幸好，我們還有一班愛護動物的人。

01

TAMMY

無悔的人生抉擇

與 Tammy 相約下午四時多見面，剛到她就說要找地方先吃東西，原來她整天到現在還未吃飯。「剛剛來了兩隻幼貓，每隔四小時就要餵一次，還要幫牠們排尿排便；另一隻貓最近患了腎病，要幫牠打皮下水，但牠愈來愈反抗不願意打，每次都要額外多花時間。」她家中養了十三隻貓，另有十隻待領養的中途貓，但這只是刻下的數字，隨時會有新加入的幼貓和病貓。二十三隻貓的餵食、清潔已花了不少時

間，再加上天天有人在網上向她查詢領養、照顧病貓等問題，待她一一回覆後，大半天就過去了。

這就是 Tammy 的日常生活。她沒有上班，但照顧貓比上班更辛苦。「全職工作的有放工時間，亦可以放假、請病假，但做貓義工就沒可能，養貓的人都知道，就算你不用吃飯牠們也要吃，卧病在床也得爬起來開罐頭給牠們。而且一旦開始義工的工作大家就不停來找我，即使我已經很低調，也來不及處理這麼多求助個案。」

義工明明是自發、無償的，但有些人對他們的期望及要求都很高，遇上有關貓的奇難雜症，首先不是自己找答案，而是先問義工。由於 Tammy 表達能力好，更有照顧貓的豐富經驗，來找她求救的人更多。「我好像是南宮夫人信箱，一天到晚都在答問題，找我的人大多是不相識的。甚麼問題都有，『我撿到一隻貓B怎麼辦』、『我的貓好像病了』、『我的貓要打皮下水，哪裏便宜？』有些明明看了獸醫還來問我。有時丈夫忍不住會問我可以不回覆嗎，但我還是不忍心，可能我的一句話，對方就能救到那隻貓呢。」

一般人也許以為，貓義工的工作就是在家照顧貓，但單看 Tammy 所做的，就明白義工的工作可以十分多元化。除了為流浪貓絕育、餵食外，她還是個暫託媽媽，為流浪或被遺棄的貓找到新主人前提供一個中途之家。十一年義工生涯中，她照顧過的貓超過五百隻。由於她的性格開朗健談，常與人分享照顧貓的心得，也深明前線義工工作的困難，所以一些任職教師的貓友及領養人，邀請她走入校園，給學生們上一課有關動物的生命教育。

從教育做起

「愛護動物」這看似簡單的訊息，Tammy 卻發現很多學生並不明白，她覺得應該由教育做起。「愛護動物除了不應該虐待動物，還要教懂他們負責任。小朋友養寵物大多沒有終身負責的概念，只知道喜歡就養，所以要教他們一旦飼養就要盡全責照顧牠們終老。」不少情侶當貓狗為取悅對方的禮物，萬一分手，有些人會把寵物當成舊關係的一部份一併捨棄。貓狗同樣是不少父母獎勵小朋友的工具。「可能是小孩想要養，父母就會要求他努力溫習，考試高分就買隻貓狗來送給他。」

本來一個家庭能夠擁有小動物是一件幸福的事，但 Tammy 說這並不一定。「買了貓狗回家後發現自己教不來及不願承擔昂貴的醫療費，或是遇上搬家等變動，有父母可能選擇將寵物送給別人，其實就是棄養。」Tammy 收過一隻被「送」來的貓，原因是母親覺得兒子跟貓太親密，覺得兒子「玩物喪志」，影響學業，於是把貓送走。

小朋友是一張白紙，所以 Tammy 希望能在他們身上埋下愛護動物的種子，讓他們知道想養動物可以領養代替購買，亦叫他們不要當貓狗是一件玩具。「大部份學生不知道可以領養，以為寵物就是來自寵物店。我會教他們不要隨便要求父母買貓狗給他們做禮物，解釋養動物是一個責任，要跟牠們玩、要餵食、要清理牠們的排泄物、病了帶牠們看醫生要花很多錢。讓他們知道養動物是不能半途而廢，玩厭了的遊戲機可以收起來，玩厭了的貓難道將牠塞進抽屜嗎？幼稚園的小朋友聽後會『哦』，中學生就會點點頭，相信他們都明白當中的道理。」

流浪貓數量多如繁星，她一雙手所能救的有限，所以近年她開始著重教育工作，走進校園是一個途徑，她另外還教人如何有效地幫助街貓。定時到街上餵飼流浪貓看似不難，然而有些細節若不注意，可能變成好心做壞事。「要在一個安全的地方放置貓糧，不要看到馬路邊有貓就在馬路邊餵食；放置貓糧後更需要在旁放置水碗，很多人都忽略了，其實如果不下雨，流浪貓很難找到水源，食物有時還可以到垃圾堆中尋找。」到社區餵飼街貓還要自律，盡量不要影響別人。「餵完的膠盤一定要立即收好，而且不要放置太多貓糧，否則餵貓同時變成餵蟑螂、餵老鼠。當街坊覺得貓影響他們的生活時，他們不會投訴你，但會投訴貓。」

有些人喜歡餵貓，享受原來對人有戒心的貓漸漸變得親人的過程，Tammy覺得這是餵貓者的大忌。「不應該與貓混得太熟，流浪貓如果開始不怕人，牠在社區中的生活便會變得很危險。」

「絕育放回」的親善大使

Tammy亦是愛護動物協會「貓隻領域護理計劃」（CCCP）的登記義工，她會到各區捕捉未曾絕育的流浪貓，帶到愛協絕育，然後再把牠們放回原居地，以防止牠們不斷繁殖。「貓靠氣味辨認同伴及居住地，如果在我家待久了，會染上了我的氣味，放回原居地後牠的同伴就不認得牠，而且時間愈久原居地的改變就愈大，所以絕育後的貓會盡快放回。若發現牠有病，醫好後我們也會立即把牠放回。」

鄉郊流浪貓特別多，一般在城市居住的人未必能夠明白。「一個垃圾站可以聚集幾隻貓。曾經在一處鄉村住了兩年，捉過上百隻貓去絕育。當你看到這裏流浪貓聚集的情況，不得不去做絕育。至少牠們不會再毫無止境地繁殖，救一隻貓與救十隻貓所花的功夫相差很遠，牠們若是不停繁殖，我們根本來不及救。」

Tammy 每次獨自進行捉貓絕育行動，都要執拾數十個貓籠及其他裝備，包括各式貓糧誘餌。並須守候十數小時等貓「上當」，事前亦需先向愛協診所預約絕育，這一系列工作均需體力、時間及反應力，但並無分文金錢得益。

Tammy會在貓籠裏放食物作誘餌，引貓進籠，所以她在捉貓前，一定要交代餵貓人在捉貓當天、甚至前一天停止餵食。「如果牠們吃飽了又怎會入籠？事前一定要先到現場了解情況，哪些貓是流浪貓？哪些是放養貓？有主人的放養貓就要了解我們能否帶走絕育，再數一數共有多少隻貓需要帶走，準備充足的貓籠。」她還會先和街坊打好關係，務求行動能夠順順利利。「有些人不想你來捉貓，覺得你帶牠們絕育會令牠們絕種；不喜歡貓的，就會叫你趕快把貓帶走不要再放回來。有些街坊會出來問長問短，你要安撫他們，不要令他們反感。有的人會特意作對，知道你要來捉貓，他就先把貓都餵飽了，讓你一隻都捉不到。」

一個陌生人突然來自己居住的地方捉貓，Tammy 能理解村民對她可能不太友善，她會盡量與他們打好關係，亦藉此機會跟他們解釋流浪貓絕育的好處。「有個阿伯問我捉一隻貓收多少錢，我說我是義工，沒有收錢的。他不相信，『沒錢也有人肯做？』我只好答『是啊，這個世界有很多傻人。』」

「嘗試跟村民打開話題，好像是稱讚他把貓養得很好，問他都給貓吃些甚麼，他自然會回應，我就會開始說貓糧很貴，不絕育的話會愈生愈多，貓糧的負擔會愈來愈重。有人跟我說他的貓會突然離家出走，我就回答因為無絕育，所以出去找老婆，愈走愈遠。」老一輩的人反對貓絕育，覺得絕育後的貓就不會捉老鼠，他們甚至覺得不能給貓餵得太飽，否則牠們不會有動力捕獵。「跟他們解釋吃飽了才有力氣捕獵，而且貓捉老鼠不是為充饑，只是因為貪玩。」

有些貓是十分挑食的，放個罐頭貓糧未必就能吸引貓上釣。「每次都要帶各類食物，每隻貓的口味都不同，除了罐頭貓糧，還會帶叉燒、燒鵝、煎秋刀魚和雞翼，最近發現用紅外線筆也可以，貓追著追著就會自己跑進籠了。」

「守株待貓」，每一次捉貓，Tammy 都花大量時間等待。「通常由下午三點到晚上十點，也曾經由早上九點等到晚上十點，十多個小時。有時突然下大雨就只好收隊，因為下雨貓不會出來。」她經常一個人行動，獨自負責捉貓這一項辛苦的體力勞動。「有些地方不是車能直接到達的，要推著十多個貓籠上山、下田。貓籠本身不輕，成貓的體重也不輕，加上牠們會慌張，在籠內撞來撞去。過程中手腳都容易撞到及扭傷，我的手正在做針灸治療，就是因為捉貓時扭傷了。」這份工作無償而且辛苦，但 Tammy 一直堅持，「現在多了人餵貓，流浪貓的營養比以前好，如果不替牠們絕育，牠們的數量會以驚人的速度增長。」

不離不棄

初生的貓在外沒有求生技能，當Tammy行動時遇到牠們，必會帶回家，生病的把牠們醫好、健康的就把牠們照顧好，待大一點便安排領養。「一些成貓身處危險地區，也會第一時間拯救。如果牠又乖又親人，那就代表任何人也可走近傷害牠，所以我也會盡量收留。」每一隻新來的貓都有一套程序要做：「無論大貓、小貓都一樣，首先要洗澡、杜蟲、杜蝨、洗耳、剪指甲，然後和其他貓隔離，以防傳染病。教牠們用砂盤大小便、吃乾糧，不足月的貓要餵奶，直至牠們懂得吃乾糧才可以安排領養。」

義工工作不但花時間、花精力，還要花錢。由捉貓絕育的車費至照顧待領養貓的使費、醫藥費，都由Tammy自掏荷包。「一隻貓由未開眼直到戒奶最少要吃一罐奶粉，一罐二百零八元；杜蟲、杜蝨的藥加起來也百多元，還有貓砂、尿墊、清潔用品等，即使牠沒有病痛不用看醫生，暫託的成本也要五、六百元。」甚至素不相識的人在街上看到受傷、生病的貓，第一時間並不是帶去看獸醫，而是找Tammy。「經常有人打電話叫我帶病貓看醫生，其實你也可以帶去的，為甚麼一定要我？」她當然明白當中原因，只是她總不能見死不救，只好不斷「逆來順受」，幾年來她已數不清自己花了多少醫藥費。

「其中一間診所光顧了三年左右，有一次護士因為好奇計算了我在診所的使費。我問那夠不夠做買樓首期？她說還未夠。不過已經可以買一輛日本車了。」動物醫療費貴，驗血、照X光，加上診金、藥費動輒二、三千元，所以Tammy能省則省，小病小痛都憑經驗先行處理。「如果一隻小貓脫水、低溫我可以先幫牠保溫、打皮下水。貓瘟對我來說是小事，好像傷風感冒，買成藥醫就可以，便秘、拉肚子也可以自己先處理，過兩天若情況沒有好轉就去看醫生。反而皮膚病就要看醫生，要因應牠的體重、病況、病菌種類來決定用藥劑量及治療方法。」

無論是病得多嚴重的貓，Tammy 都會照顧牠們到康復後才開始安排領養。即使醫療費用昂貴，多年來 Tammy 都堅持靠自己的能力去救貓。「有些義工靠捐款，我並不贊成。長貧難顧，籌不夠錢時你的貓狗是否要捱餓？我覺得做流浪貓工作最重要是看自己能力，籌款會衍生很多是非，要交代得很清楚，我有時間交代倒不如多救兩隻貓。」

獨立行動，每個選擇的後果都是自己承擔。每隻被 Tammy 帶回家的貓，都成了她的責任。受傷的，她替牠們養傷；年幼的，就把牠們帶大；沒有家的，為牠們尋家；找不

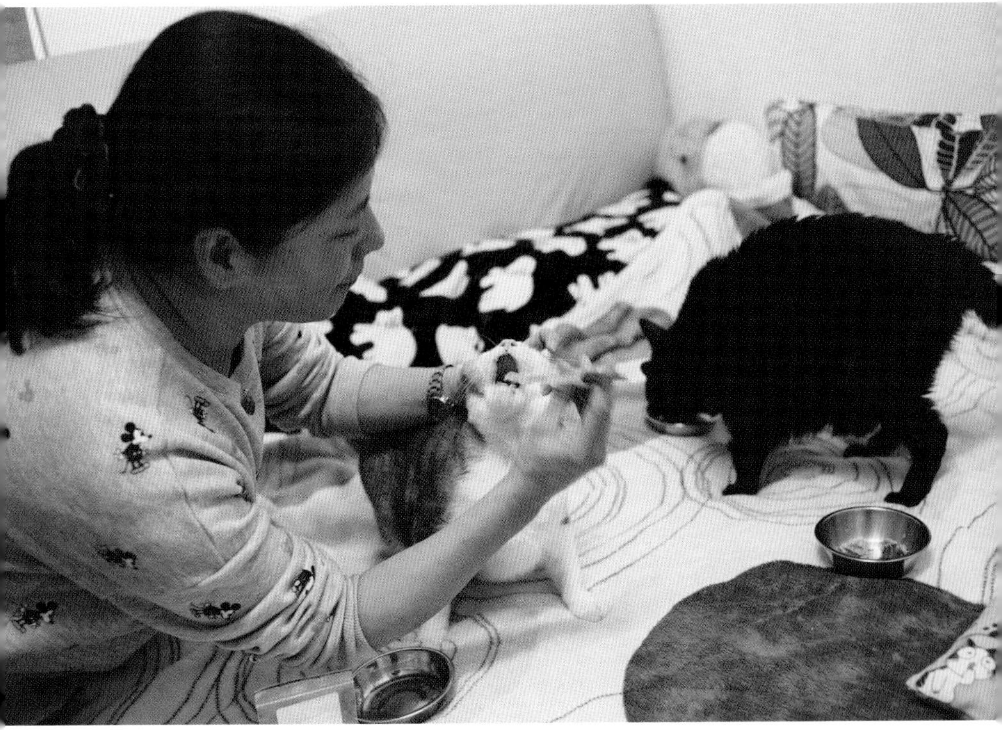

到家的，她就照顧牠們終老。無論如何，只要是她決定帶進家裏的，她都不會遺棄。

家中小主

她家中大部份的貓，除了最初的四隻是她領養來的外，其餘的都因生病、被遺棄或性格不討好而滯留在她家中。十歲的「小白」原本在一間洗衣店裏生活，很喜歡玩膠袋。追追跑跑後，膠袋就變殘舊，結果被客人投訴，老闆娘自然不高興，

漸漸對貓不滿了。老闆娘見Tammy常常跟小白玩，就叫她把貓帶回家。「我說不好，當時我還未投身貓義工工作，覺得家有四隻已經足夠了。但她說如果我不帶走，她就把貓拿到街市放生。『放生』不就是遺棄嗎，那好吧，我來養。」

摺耳貓「Titi」是隻名種貓，但牠同樣慘遭遺棄。一出生就與六隻哥哥姊姊被遺棄在唐樓後樓梯，由好心人交給Tammy。除了有一隻夭折外，其餘五隻都健康成長，找到幸福的家，不過Titi身體虛弱，經常肚瀉，Tammy亦曾擔心牠會長不大。「我和牠說『你不要死，一定要長大做隻靚貓，你乖我就把你留在家裏。』然後牠就開始長胖，胖到現在像個水泡。」Titi常常坐得像個大肚佛，Tammy說這是摺耳貓的特徵，代表牠的脊骨承托力不夠。摺耳貓有遺傳病，萬一病發下肢會僵直，每走一步路每個關節都會痛，只能長期吃止痛藥。Tammy覺得這種貓一出生就會帶來痛苦，不能繁殖，但既然貓已經出生了，她亦選擇繼續照顧牠，就算將來牠病發時要花大筆醫藥費，她亦甘願承受。

名為「友友」的唐貓令Tammy最費神。數年前牠與十七隻幼貓被Tammy拯救回家，小貓陸續找到家，唯獨友友和牠的弟弟「貴貴」等了又等，終於被Tammy鄰居領回家。可惜九個月後，貴貴因為腹膜炎病死了，剩下友友。新家有狗，所以友友與貴貴一直住在書房，書房環境不錯，可是友友很親人、很喜歡與其他貓玩。弟弟走了，友友覺得寂寞，經常喵喵叫，使主人在深夜也無法入睡。於是友友被移居到花園裏的組合房中，環境依然不錯，可是友友變得更孤寂。這一切，作為鄰居的Tammy都看在眼內，痛在心裏。「主人工作時間長，還有幾隻狗要照顧，根本沒有時間再照顧友友，每天只能換下水、清貓砂、放低乾糧就走。友友在那裏住了三、四個月，我覺得牠很慘，從小小的窗口看著花園的小鳥在飛，好像在坐牢。」後來友友消瘦了，Tammy知道友友的情緒出現了問題。當時一屋都是貓的她，幾經掙扎，還是決定向鄰居取回友友，原來對方早有

此意，只是不好意思開口。

「友友特別親人，到獸醫診所見到醫生護士也是第一時間就滾地討摸，要牠自己一個被困在屋內真是比死還難過。自從我接牠回來後牠就變得開心了，有人又有貓陪牠。」可是好景不常，一年後友友患病，先是免疫系統出問題，所有牙都發炎，需要全部剝掉，然後發現只有四歲的牠患上腎病。短短幾個月，友友就確診肝臟有兩個腫瘤、亦有嚴重貧血，Tammy 帶著牠四出奔走求醫。後來友友的情況愈來愈差、康復無望。Tammy 無法改變，只能在友友最後的日子裏推掉大部份的活動，留在家中陪伴牠，可惜三個多月後，友友也去了彩虹橋做小天使。

性格不親人，不懂逗人快樂的貓，自然也難被領養。Tammy 家中有一個大貓籠，住了兩隻極怕人的貓。「牠們連我都怕，隔著貓籠摸牠們也會跳開，但我有信心能感化牠們，最初摸牠們時會咬你、打你，現在已經不會了。」她期望有一天，牠們會變得親人，然後找到一個家，多久也沒有問題。「曾經有一隻貓暫託了三年才有人領養，牠脾氣不好，表面親人，可是多摸幾下就會不高興打人。但最後被一對母女領養了，說很像她們以前的貓，我清楚解釋牠的性格不好，她們說不介意，仍帶了牠回家，並找到相處方法，現在一家人和貓貓生活得很融洽。」當然也有她無法感化的貓，長期住在她家直到終老。「用了八、九年也感化不了，一摸牠就縮，再摸牠就想打人。連我都應付不了，怎樣可能給人領養呢？」

人生選擇

Tammy 大部份的時間、金錢都用在貓身上，沒有收入的她背後必不能少的是丈夫的支持。「他一定要上班，如果他跟我一起救貓，那我們就得乞食了。」她笑說。「他起初不喜歡貓，說覺得狗好一點，直到領養了貓才改觀，不過至今他仍不會清貓屎，只會與貓玩，但我仍很感謝他的支持。他其實不想我太辛苦，叫我收十隻貓就好了，我覺得我能收二十隻貓，那就一人讓一步，十五隻吧。」

投身救貓工作前，Tammy 本身從事婚紗業，十一年前因為工作勞損而辭職，打算稍作休養才繼續工作，怎料卻在這時踏上救貓之途。一切緣起於一次領養，她找到一位貓義工 Lisa 領養了兩隻貓。「她家住大埔，一年後我也搬入大埔，心想她是全職義工應該很空閒，便打電話想去探望她。一到她家就看到了很多貓，心想不是都被領養了嗎？為甚麼還有這麼多貓？原來需要被領養的貓是源源不絕的。」剛好她有時間，便開始幫忙照顧初生小貓。漸漸她連捉貓、照顧病貓都學懂了，從此走上獨立義工的路。

Tammy 沒有收入，照顧流浪貓的開支都是來自丈夫。她的生活很簡單，家裏沒有漂亮的裝修；她不愛名牌，日常穿的都是出口店的廉價貨；她的時間都用來照顧貓，早晚兩餐多在茶餐廳解決；家裏有廿多隻貓每天等她餵食，她已很久沒出門旅行了。她早前因為捉貓而扭傷手，需要針灸治療，用了二千多元，非常不捨得，但她給獸醫的醫療費過萬元亦不手軟。若貓沒有走入她的生命，她現在大可以過著寬裕的生活，但她從不覺得這些是犧牲。「老公給我的錢，我可以用來吃大餐、買名牌，但我都沒有，這是我自己願意做出的交換、我的選擇。有些人覺得沒收益的事怎會有人做，但事實是有很多像我這種傻人。」

犧牲了的還有她的健康，她長期熬夜，每天大約只睡五小時，若有奶貓需要照顧，每天加起來只有兩三小時睡眠，身體已向她發出了警號。「四十二歲那年，有一位朋友患了乳癌，令我醒覺要認真做一次詳細的身體檢查，婦科醫生說我的更年期比別人早了十年來到。於是去了找中醫調理身體，醫師說早了這麼多是身體告訴我太勞碌了，需要多休息。但對我來說要休息很困難，如果要照顧身體虛弱的小貓，我每睡半小時就要起來一次。」可是深夜是她與貓的獨處時光，餵牠們最喜歡的雞肉、那隻摸摸、那隻梳梳毛，就是她最享受的時刻，所以她寧願犧牲睡眠。

這樣勞碌的無償工作有時也會吃力不討好，稍有出錯可能會招徠網上批評。而流浪貓的健康狀況更是難以估計，即使盡了力也不代表帶回家的貓就能救回，傷心、無力感在所難免，Tammy 覺得最重要是靠自己走出這些負面情緒。「第一次有救不活的貓時覺得很難過，覺得可能是我做錯了甚麼，但很快想通了，如果我任由牠在街上不救，牠可能更早死去。難過也要繼續過日子，不要將這種負面情緒放大。有時面對丈夫反而更不敢表露，因為他會不捨得，會叫我若是這麼不開心就不要做吧。」她笑說，她一整天的行程都排得密密麻麻，忙得連獨自傷心的時間也沒有。「我們做貓義工的

心裏要很堅強，沒有時間哭貓喪，上午死了貓下午就得去救另外一隻貓、照顧幼貓。不能因為有貓過世了就甚麼都不想做，難道叫還活著的貓先別喝奶、別去廁所嗎？」

每天都有流浪貓出生、有家貓被遺棄、有受傷的貓失救而死。做了十一年貓義工，Tammy 明白只要盡了力便問心無愧。她偶爾會遇到一些狠心的主人，一個電話打來叫Tammy 快快來把貓接走，否則就將貓交給漁護署。又有一種主人，只能夠與他共富貴，卻不能共患難。養寵物只為開心，沒想過自己的責任，當貓開始年老生病時，他能夠隨即忘記過去多年的感情，只想把貓送走，不想為牠付出一分一毫的醫藥費。Tammy 慨嘆有能力感動貓改變怕人的性格，但無法改變人的無情。面對愈無情的主人，她的態度愈是強硬：「不要利用我的同情心挑戰我的底線，以為我會心軟，覺得貓是因為我不收留而失去性命。我最討厭被人要脅，要送牠去漁護署是你的事，這是你的責任，不能推卸於人。就算我勉強收了貓，牠其實也不開心，身體很容易出問題。」她說要懂得放下，否則只會令自己走進死胡同。

每一隻貓對她來說都是珍貴的，「我會盡力為每一隻貓找最適合的主人，而不是為主人找他最喜歡的貓。」每送一隻貓到新主人手上，她既是不捨，亦是開心。一隻隻由虛弱到健康、由瘦到肥、由兇惡到親人，曾經顛簸生活過的貓變成了公主、王子，就是她繼續的動力。「做義工就只有這些非物質回報，可能很傻，但我想用我的生命影響牠們的生命，而牠們的生命可以影響其他人。」

替無數的流浪貓找到幸福的家，但對於她家中數十隻寶貝，她為自己未能盡力照顧而覺得內疚。「牠們生病時最傷心、最內疚，為甚麼我這麼遲才發現牠生病了？帶牠去看醫生，醫生問有沒有進食？不知道。有沒有喝水？看不到。大便如何？也是不知道。我整天都在外面幫助街上的流浪貓，我到底是個怎樣的主人？」

現在遇上再可愛的貓，她亦不願把牠留下，只願有個好主人好好照顧牠。「留在我家只能得到幾十分一的愛，但牠去到新家，可能得到二分一甚至是全部的愛。本來下半世要做流浪貓，但現在可以有家，能夠做公主、王子幸福快樂地生活，就是我最大的回報。」愛，不在乎擁有，不計較自己付出了多少，只願你活得快樂。

把貓救出鬼門關

畢太的經歷讓我想起一套電影——《舒特拉的名單》。

那是關於一個德國商人，在二戰期間拯救猶太人的故事。電影裏的主角舒特拉為了拯救猶太人，花了大量金錢，安排猶太人在他的工廠內工作，使他們逃過被送往集中營的厄運。戰爭完結，舒特拉耗盡了他的家財，但有一千二百個猶太人因為他的善心得以生存。

一直以來，對所有流浪或被遺棄的貓狗而言，漁護署的四個動物管理中心，就是牠們的集中營。所有被送往管理中心的動物，只要在四天內沒有人認領，就要被注射致命藥物。而根據漁護署的程序，只有動物的主人才有權領回牠們，一般市民不能直接在管理中心領養動物。若是捉到剪耳角的貓，漁護署職員便會掃描貓身上的晶片，並把資料傳給愛協以確認是否屬於貓隻領域護理計劃（CCCP）下的絕育貓。愛協確認資料後便會前往漁護署把貓接回中心，並由獸醫檢查及觀察數天，一切正常後才通知負責義工來把貓帶回原居地。

若是沒有晶片兼找不到主人認領的貓，除了極少數被挑選送往動物福利機構供人領養外，其餘的，在制度上可算完全沒有生存機會。畢太在過去的二十多年，在這一道道程序中找出了灰色地帶，成功救出無數險被處死的生命。

畢太已經六十一歲，二〇一八年初剛剛退休，不過她仍繼續工作，沒打算停下來，因為在過去的三十四年她都把錢花在貓身上，幾乎沒有積蓄，現在即使退休了，但貓仍然等著她去救。

每個星期，她和幾個朋友都會分別致電漁護署，詢問動物管理中心有否收到貓，除了被人投訴而出動漁護署捕獸籠捉到的貓，還有被人撿到的以及被人遺棄的。「我的能力只夠做港島區，找幾個人分頭問，

如果他們有收到貓，就找人假裝貓主去報失，再授權我去贖回貓。」一直以來，不少關注動物權益的人都批評漁護署制度僵化，寧願把貓人道毀滅，都不願讓有意救貓、領養貓的人直接到管理中心救貓。

死亡前的灰色地帶

等不到漁護署改變政策，畢太用最直接的方法把貓救出來。「事實上是不可以這樣問的，只能去報失，但我們不斷打電話，他們也沒我們辦法。其實有很多灰色地帶，只要不做得太明目張膽。」

與畢太見面之前，曾聽過一個江湖傳聞，她贖貓的舉動連漁護署職員都動容，一捉到貓就主動通知她。「以前有位職員好善良的，會告訴我捉到幼貓、老貓，問我救不救。我就會找人打1823報失，不過現在他已經離職了。」能夠於集中營中拯救無數隻貓，畢太沒有強勁的後台或特別過人之處，靠的只是一個小女人的堅持，有血有汗地劈出了一條小路。

一九八四那一年，她由筲箕灣搬到西環居住，第一次接觸了街貓。「我媽在公園發現有貓，便把剩下的飯餸帶到公園餵貓。」那年代社會上對於動物保護沒有甚麼支援，街貓的絕育、醫護等問題都由她自己處理。「一開始只有一兩隻貓，很快就變成十隻貓，於是有了絕育的概念，自己帶牠們到獸醫診所絕育，那時絕育費也要幾百元，我的錢只夠幫貓囡絕育。」

至於她與漁護署的往來，則在數年後開始。那時候她每晚都會到西環至西營盤一帶多個地點餵貓，有一天漁護署在她的地頭捉了一隻貓。「叫我去管理中心認貓，在那裏看見很多貓，幾十隻困在一個籠中，很慘。」

漁護署職員把同一日捉到的貓都放進一個大籠裏，四天後，如籠裏的貓沒有人認領，便全都送去人道毀滅。「求職員讓我救一些走，他

竟很好地讓我救，我只能揀些年青的，牠們的生存能力比較高。」由那天起，她差不多每個星期都到薄扶林的漁護署動物管理中心救貓。「剛開始時帶走了很多貓，曾經一趟車載不走，要分兩次，這二十幾年來領走多少隻貓？數不了。」

現在如果要從管理中心領回貓狗，認領人只需付上十一元的「動物羈留所費用」。但在九十年代，若要認領動物，除了定額的動物羈留所費用外，還要支付以日數計的膳食費，認領一隻少則數十元，多則百多元，不貴的，但待救援的貓卻有很多。

「後來他們都任由我去領貓，但我沒有這麼多錢，一定要取捨，有時只能救一些入住時間較短的，因為可以少付一些手續費。當時與我通報的職員很好，有時會把被人遺棄的貓偷偷放在門口讓我拿走，這樣就不用記錄入冊，不需要收錢。」

在灰色地帶游走，最麻煩的是今天能做的事情不代表明天也可以做。在「內應」離開管理中心後的一段時期，不但沒有人來通知她去領貓，即使她主動報失，也未能領到貓。「例如我報失了一隻在加路連山道不見的貓，他就會說在加路連山道找到的貓才算是我的貓，若在旁邊的棉花路找到的就不算是我報失的那隻貓，不會通知我來認領，難道貓是沒有腳不會走的嗎？」

她覺得不合理，與她的義工朋友寫信給漁護署，要求署方清楚說明報失貓的程序，情況才有改善。現在雖然沒有人主動通知她，但至少當她向漁護署查詢某一地區是否有捉到貓時，對方都肯回答。「不知道他們有否說謊，但也沒有辦法，必要時兇一點，問的時候不要過份客氣，亦不要吞吞吐吐，『真的沒有貓？是不是看漏了？』有時是需要鬥無賴的。」

畢太每個星期認領出來的貓，少則幾隻，多則幾十隻，她沒有可能把所有貓都帶回家中。畢太會先把牠們帶到愛護動物協會絕育，然後再把貓放回原居地。「漁護署在哪裏捉，我就在哪裏放回，曾經贖回四隻貓，一隻在赤柱、一隻在山頂、一隻在香港仔、一隻在柴灣，結果我用了三個小時來安置牠們，用了四百多元車費。」她會選擇深夜時分才放回貓，為避免與人起衝突。「有些人是因為討厭貓才叫漁護署來捉，所以他們看到我放回貓一定會不高興。」

如果遇到初生的小貓、特別親人的貓，她會把貓留下安排領養，受傷的貓則留下來醫治。街貓在室內住久了，也不適合放回社區，所以病貓醫好後，親人的會安排領養，若是長期病患或是不親人的，就留在畢太的家裏，由她繼續照顧。她的家就成為貓隻收容所。「這隻有貓愛滋，不知甚麼時候會病發；這隻盲了；這隻很乖，可是已經十幾歲；這隻樣子很美，但是瘋癲，除了我不讓其他人踫；櫃底還有幾隻極怕人，連我也難以見到牠們露面，只會趁我不在家的時候才出來覓食；有些貓小時候親人，長大後兇人，連我都咬，怎會有人願意收養？」她的家，最高峰時有一百零八隻貓。而現存的四十多隻貓，全都是老弱傷殘，滯留於畢太家裏。

畢太退休前是街道清潔工，薪金微薄，為了貓，她付出大部份所得，即使當她陷入財困時，她寧願一天打兩份工，也不會棄貓於不顧。「如果沒去漁護署領貓，我會空閒得多，可是過不了自己。曾在漁護署看到一窩初生貓，想起自己家中已有很多貓待照顧，便不打算再領牠們出來。可是最後我走出了門口還是折回頭去贖貓，贖了出來再打算，因為我很明白如果這次我不贖牠們出來，下次來就再不會見到牠們。」

這一大群貓，旁人覺得負擔，她則視為動力。「我帶著這麼多貓，不會有人肯把房子租給我，所以不管多辛苦也要買樓。早上七點上班到三點，然後晚上在酒樓兼職，十一點放工。那時常常說只要有人肯出錢，要我抬棺材我也去。曾被貓咬傷進醫院，趁著醫生巡房後偷走回家照顧貓，然後再偷溜回醫院。」她慶幸當年咬緊牙關捱過了，現在退休了也不用煩惱租房子的問題，才有能力繼續救貓。

絕育放回的先驅

那時她每天放工後，就趕著去餵街貓。「不能太早餵貓，以免與不喜歡貓的人起衝突。」她曾在餵貓時遇上醉漢留難，混亂之間對方把她推倒在地上；她也曾因屢被人投訴，最後被食物環境衞生署告上法庭，幸好最後被判無罪。

從西營盤般咸道，到堅尼地城北街，是她風雨不改的餵貓路線。「凌晨一點前要餵完，才能趕上尾班

畢太收養在家的貓都是「自由行」，佔據大廳、廁所及所有櫃。病情嚴重的才需要進籠休養。

餵完街上的貓，畢太一回家就馬上準備家中各貓的糧食，買來肉碎烚熟，用大臉盆拌好罐頭貓糧，再分發到各貓食器中。

電車，否則就要走半小時路程回家了。」

畢太自八十年代起，除餵街貓，亦會為西環至西營盤一帶的街貓絕育。當時愛協仍未推行CCCP，畢太自己把貓帶到獸醫診所絕育。後來愛協展開了CCCP，畢太獲得獸醫推薦，成為愛協的首批義工，不用再自費帶貓絕育。「但愛協只負責為貓絕育，在絕育過程中若有其他問題，醫療費用則由我自己負責。曾有貓在絕育手術過程中發現腸被魚絲纏住了，問我救不救，就這樣多花了三千多元。以前餵貓，一個據點有三十隻貓跟著我，好像兵隊列陣，現在大部份區域都只剩下一、兩隻貓，絕育放回控制了貓的出生數量。如果同一社區的貓有八成絕育了，五年後貓的數量就能減半。」畢太多年來已捕捉了過千隻街貓進行絕育。

在自己熟悉的區域成功控制了街貓的繁殖數量，後來她也會到其他區域幫助其他義工捕捉街貓進行絕育。「新加入的義工還沒有足夠的經驗技巧，或是該區的貓數過多，愛協就會叫我去幫忙。每年都會到沙頭角的禁區捉貓，一天可以捉到三十七隻。最誇張的是第一次到嶺南大學捉貓，漫山遍野都是貓，最後捉了九十九隻，連貓籠也不夠用。」

三十多年的救貓生涯，畢太只試過一、兩次公開籌款救貓，對於現在的網上文化，她有點看不過去。「很多人只會在網上感慨流浪貓有多慘，但有多少人真的會出手相助呢？只懂得到處找義工。有街貓被困在漁護署的貓籠裏，很快會被送往動物管理中心。有些人看見了，拍了照，就上網問有沒有人可以救貓。其實他們是可以自己致電漁護署說那隻貓是他的，他知道貓籠的位置以及貓的顏色，一定可以領回那隻貓。如果他沒有能力把貓帶回家或帶去絕育，也可以直接原地放回，總好過被送往動物管理中心人道毀滅。」

有人曾找她說荃灣某處有很多未曾絕育的貓，問她可否幫忙找義工帶貓去絕育。「我說我有認識的義工可以幫忙，但你自己會去嗎？能支付車費嗎？但對方說自己只是剛巧看到有貓來通報一聲，並沒打算去行動。我認識的義工是個婆婆，而我更一手負責去漁護署領貓，沒可能再有能力支付千多元的車資，結果他就退縮了。」這三十多年她遇見過不少這樣的事，「其實人人都可以做義工，但很多人只會講不會做、諸多推搪，說到底也是不願付出錢和時間。」

畢太的收入也不多，所以總是很節儉，希望用最少的錢做最多的事。「曾經有連續兩天都要帶街貓去愛協絕育，心想省點車錢，等第二天才一併把貓帶走放回。怎料有一個素未謀面的義工當晚就打電話給我，批評我不應該把貓留在愛協過夜。她說愛協的貓房有很多細菌，而且那裏太多貓，會嚇倒我的貓。我說『我只是個掃街工人，沒有錢，你若介意不如把貓送來西環給我，的士錢不到一百元。不過我家也有幾十隻貓，也不是一個好的居住環境，或者你把貓帶回家也可以。』結果她就匆匆掛線。」一講到錢就雞飛狗走這種事情，她試過無數次，後來才學聰明。「以前有人經常把捉到的街貓帶來給我照顧，說牠們很慘，兩個月內收了十一隻貓，最後我受不了，叫他拿貓上來時要跟一箱罐頭或一百元，結果他就再沒有拿貓來了。」

做了義工三十多年，她領悟到其中一個人生道理就是做人不要太注重光環，太高調可能會壞了大事。「不覺得救貓有甚麼光環，喜歡就做，做了不見得是偉大，不做也不代表你是衰人，對得起自己就可以了。」

從前維園有很多街貓，縱使康文署有規定不准人在公園內餵飼貓狗，但長久以來都有義工低調地於晚上餵貓、捉貓絕育，一直以來都相安無事。直到十多年前，有人突然走出來指摘康文署不准人餵街貓是虐畜，要求康文署批准她在公園內餵貓，再要求漁護署發出許可證，認可其義工身份。「她吵到上康文署，很快維園管理處的職員就全都換了。她又四處跟人說，即使漁護署捉了貓，她也有相熟的人領回貓。結果康文署不再叫漁護署來捉貓，自己安放籠，不知道他們在捉到貓後怎樣處理，但我這十年都再沒有在管理中心看到一隻來自維園的貓，也可能康文署在維園放重老鼠藥，假裝是毒老鼠但有貓誤食。有些事真的不能太高調。」

這麼多年來畢太從沒停止關心街上流浪貓，風雨不改在餵貓路上來回，每晚趕在尾班車前完成她「管轄」區內的派糧水工作。

年事漸高加上賺錢比以往少，現在除了從漁護署救出的貓以及西營盤區的求助個案，其餘地區的求助她都不再接收。「不要再找我說哪裏的貓很慘，我再去收留貓的話也會很慘。西營盤的街貓一直是我在照顧，即使牠們要看醫生我也會去救，其他的我真的無能為力了。」

老人與貓

我們口中的畢太其實在十多年前已離婚，至今仍有人說她是因為救貓所以離婚。但事實剛好相反，當年她是因為婚姻不快樂，才將精神寄託在貓事上。「像有些人會選擇賭博、購物來減壓，我就選擇照顧貓。」直至這種寄託變成一種責任，使她無法放下。「常常勸人不要投身貓義工，一旦開始就無法離開了，除非你能夠狠心。」

離婚後，畢太帶著貓另覓居所，才發現那時候養了一百零八隻貓。「以前有一間房專用來放貓，客廳又放了十幾隻，六百呎的天台也裝了安全網用來養貓，牠們可以曬太陽、又有新鮮空氣，但現在牠們只能跟我蝸居在三百多呎的單位。」

花了大部份的精力與金錢，換來一身勞損，畢太活了大半生，也不懂計算這樣做是否值得。「很多人都說救貓的人精神有問題，我也覺得自己蠢。但若沒有貓，雖然我未至於會變得很有錢，但至少會有些積蓄，亦不用這麼辛苦，每晚餵貓都要趕在尾班車前完成。」

勞勞役役大半生，她笑言做義工最大的收穫，就是一屋的「紀念品」。「只希望牠們比我死得早，怕我死了牠們會沒有人照顧。街上的那些貓還好，我死了還有其他人去餵，但屋裏的貓很多都是老病傷殘，不可能再放回街上了。」

03

黃先生

這輩子的償還

你有一直堅持努力的事嗎？那麼你還記得是甚麼原因令你這樣堅持？經過了二十多年，住在坪洲的黃先生仍然記得他與貓的故事是怎樣開始的。

那時他初搬來坪洲，每天下班，總有一班街貓等他回來，因為他會給貓餵食。縱使有些街坊投訴他把貓招惹到這條小巷便溺，黃先生仍然繼續餵。其中有一隻貓媽媽，常常坐在對面屋的簷篷望著他。有一

天，他在相同的時間下班回來，卻看到大樹那邊圍著一堆人。他上前一看，看到那隻貓媽媽的屍體，而且腸穿肚爛。「有人看到牠被五隻狗圍著，分屍般。」慘劇已經發生，他可以做的是為牠好好埋葬。「我覺得牠是知道自己快死，才會走到樹下，希望讓人看見。」貓媽媽遺下三隻初生小貓，躲在一間已空置的房子的天井位置，很怕人，黃先生只能每晚在鐵閘旁放一罐罐頭給牠們吃。

後來某一天，其中一隻小貓走了出來、坐在他面前任他抱，他馬上帶小貓看醫生。「獸醫說牠有腹膜炎，要打針讓牠走。」原本好好的四母子，只留下兩隻小貓，黃先生於心不忍，決定把牠們帶入屋。

黃先生的貓舍非常整潔，每天例行吸塵清貓砂換糧換水，貓舍數十隻貓都由黃先生兩夫婦全職打理。

「找到牠們住的那間屋的業主，用三千元租下。反正街坊不喜歡我在街上餵貓，索性把其他貓都帶進來。」那時候坪洲流浪貓多，自此他每逢在街上見到有受傷的流浪貓狗，或是人家遺棄的轉給他，他都來者不拒地一一收進來。

黃先生的貓舍現時有八十多隻貓，每一隻都肥肥白白。而他養過的貓，都很長壽，大部份都有十六、七歲的壽命，亦很少病痛。「住在這裏，不會冷、不會熱、不會餓、又舒服，怎會生病呢？」他在十年前退休後，便和太太全職照顧貓狗，他的貓過的生活好像比他還要舒適。「一天做兩次清潔，餵食、換水、換貓砂、吸塵一樣都不會少，天氣熱時會二十四小時開冷氣。我要看醫生都不會輪到牠們吧。」他笑說。

近年香港人對於絕育、領養的意識高了，加上還有其他義工參與，所以坪洲的流浪動物數量比以往少了。黃先生二十多年來主要接收坪洲內發現的流浪或被棄貓狗，數目超過二百隻，直到五、六年前因為年紀漸大及曾經中風，才不再接收新貓。

「退休時買下了這間屋，所以我死後牠們仍可以繼續住，到時太太會繼續照顧貓到終老，她比我還緊張牠們，病重的貓狗總照顧到最後一刻才捨得放手。八十隻貓的糧食一個月大概萬多元，每次電費大概是八千元，我都預留了錢營運。」

慘不忍睹

黃先生的貓舍，比我想像中整潔。貓籠一天清潔兩次，所以整個貓舍也沒有異味。貓舍裏的一切，全靠黃先生這二十多年一點一點地建立而成，他回想起最初收留貓的情況，直言「慘不忍睹」。

當初把十多隻貓收入屋，他並沒有甚麼計劃，只覺得屋租、糧食是他能力範圍內的事便去做。他以前從未養過貓，一下子養這麼多，他忽略了一個很重要的問題。「最初牠們都是自由活動的，我沒想過牠們會繁殖，結果不久後牠們生了幾窩貓。」

同時，黃先生漸漸為坪洲居民所認識，街坊開始把在街拾到的、要遺棄的貓都交給他。「有的成窩初生的交給我；有的不想養了又帶來；也有人說婆家不喜歡所以送來，無法拒絕的，因為一拒絕牠們就會被扔出街。」

最高峰時期，他收留了一百八十多隻貓、廿多隻狗，貓舍和家都充滿了貓。「慢慢才能控制得住，把貓捉去絕育然後放進籠養，有些貓很怕人，一直都在櫃頂生活，吃飯才走下來。那時我不會讓人來我家，因為兩間房都放滿了貓狗，我、太太和初生的女兒就睡在客廳的地下。」直到退休後，他花了很多時間才能把貓集中安置於貓舍。

我看著籠中的貓，想起了家中兩隻總喜歡在清晨走上床叫醒我的毛孩，不禁在想這樣的生活牠們會喜歡嗎？「如果全部放出來養我就應付不了，會變成到處都是貓屎貓尿，到時就會被人投訴了。我同意可以自由活動會比較開心，但『針無兩頭利』。街貓是自由，但在天寒地凍、打風下雨的日子卻要捱餓，還可能受到野狗或人的襲擊。人要在有限的條件作出選擇，我要照顧這麼多隻貓，一定要有點犧牲才做得到。」

他曾經把貓送過給人領養，只是結果卻令人失望。「有個街坊說想領養，我給了她一隻。但不久後她說兒子在街上撿了一隻貓，丈夫說養不了兩隻。我聽說她想把領養的那隻遺棄，我便叫她把貓還給我，後來我就不再安排領養了，省得煩。如果能為貓們找到一個愛貓的家庭當然好，但是我沒有能力去了解對方是否真的愛貓。我有百多隻貓，多一隻、少一隻對我影響不大，但起碼我不用擔心，我寧願自己辛苦一點、多花個錢也不想擔驚受怕。」

在貓舍中生活雖然不能整天通屋走，但黃先生盡量打通貓籠，擴大空間，並在籠中自設閣樓搖籃，方便害羞的貓貓躲藏，也方便好動的貓貓走跳。

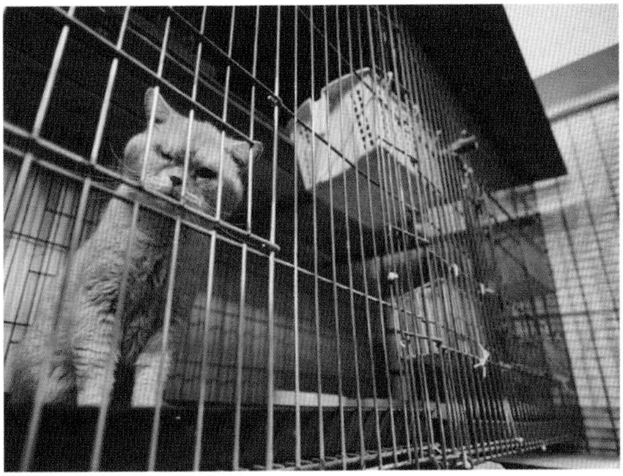

幫動物不能軟弱

黃先生退休前是個公務員，從小到大很少接觸貓狗，直到中年才養了第一隻狗。「那時常常經過一間寵物店，看到有一隻不漂亮的松鼠狗在籠裏好一段時間。好奇一問，知道牠是寄賣的但沒人要，再賣不出去便可能被拿去人道毀滅。於是我用便宜的價錢買了牠回來，後來才發現牠懷孕了，但生出來都不像松鼠狗，很像小魔怪。」為了讓這幾隻狗有更大的活動空間，他搬進了坪洲。

他很清楚，有街坊不喜歡他餵貓、救貓，但別人眼光如何與他無關，最重要是河水不犯井水。「如果我懶，大家經過會聞到臭味，當然是我有問題。但我花了很多心機在貓舍，就是不想牠們整天叫、有臭味，影響其他人。如果我做好我應做的功夫，你還要去投訴，就是找麻煩，那麼我會奉陪的。」

「如果讓人罵兩句就腳軟，是不能成為動物義工的。」他以前餵貓時，曾經被居民以粗口指責。「我不會反駁，只是叫他等我餵完。餵完之後我就去他家找他，叫他一齊去警局。要告我甚麼隨便你，反正我很空閒。但對方又不敢去。」

「最初有人說我餵貓影響衛生，我曾經停過一陣子不餵貓，但看到每班船到時牠們都會走出來看看有沒有人餵牠們、又會找垃圾吃，我覺得很慘，還是繼續餵吧。」

在黃先生住的那條小巷，有一個男人多年來不斷投訴他養貓滋擾民居。「他報過警說貓叫聲影響他睡覺；又向消防投訴這裏很臭，懷疑這裏有死屍。他亦會留意我甚麼時候出去市區，然後報警說我劏貓，結果我在中環一下船就看到有警察在碼頭等我，後來更說懷疑我販毒。」

舉報的事項愈來愈誇張，雖然是煩，但至少對一班貓狗沒有實質的影響。「食物環境衛生署、獸醫來觀察過貓舍都說沒有問題。後來他

數十隻貓的每日糧食開支是個不少的數目，黃先生都一力承擔，只望流浪貓們的下半生能過安穩日子。

再向廉政公署投訴說有人包庇我販毒，結果連廉政公署也打電話來問我對坪洲的毒品有何認識，我答『毒品我就不認識，反而對坪洲貓狗的認識比較多。』他笑說，不當投訴是一回事。「我不怕別人發難，我都七十一歲了，如果有人一拳打過來我就馬上跌下。」

「如果有人真的覺得我的貓影響了他，他絕對是可以投訴。如果政府覺得這裏有問題的話，也可以把這裏的貓狗都收走，每個月都幫我省下不少。我也不想這樣照顧這些貓狗，只是政府不做，迫著我要去照顧，但政府若真的捉走了這裏的貓狗可千萬不要殺害牠們，我覺得這樣做始終會有報應。」

總是於心不忍

「你不軟弱別人就不能欺負你。」他相信「人善被人欺」，一般人覺得他不好欺負，但貓狗們就看到他善良的一面。「在街上如果看到有品種但髒的狗會特別留意，因為大多是被遺棄的。有些貓狗很有靈性，知道你善良就跟著你，那麼我就會抱回來、養起來。」

整個訪問中，黃先生說了幾次他並不是個對人有愛心的人，他的善心，只是「動物限定」。「我覺得如果一個人手腳齊全，也無法妥善安排自己的生活那是他活該，現在到處請人，隨便打一份工也有一萬元，再不行可以申請綜援。但是貓沒得選擇，你以為牠們想找垃圾吃？被人遺棄或一出生就要流浪並不是牠們所能控制。」

訪問前的幾天，黃先生的一隻狗死了，是他七年前在坪洲拾回家養的。「漁護署職員曾經幫我掃了晶片，說狗的主人住在港島，叫我不如讓他帶走那隻狗、控告牠的主人。我叫他別浪費時間，帶回去牠的主人只會說『走失了，謝謝你幫我找回來。』然後下次會帶到更遠的地方遺棄。」

曾經有居民跟他説碼頭附近的垃圾站有一隻狗出沒，他又把牠帶回家。「是一隻只有三隻腳的小牧羊犬，斷了的那隻腳是齊膝斷的，應該是被人斬斷；牙全都掉了，相信是被人虐待過。發現牠時牠全身都是乾了的水泥，要慢慢幫牠剪光所有毛才能洗。養了牠一年多，有天看牠好像生病了，就帶牠去看醫生，可是趕不及，牠在船上死了。」

還有一次，在一個寒冷的下雨天，他看到有一隻貓躺在水渠旁，全身濕透，瘦得只剩一排骨。「接了牠去看醫生，其實我很清楚救不了了，因為牠連藥丸也吞不到。但我還是抱了牠回家，把牠放在陽光照得到的地方，蓋上毛巾，最起碼讓牠在一個舒服的環境、乾乾淨淨地離開。」

他對動物總是鐵不下心腸，他相信是天生的，他在成長路上沒有接觸過動物，直到第一次接觸後才知道自己對動物是這麼心軟。「說句不好聽的這叫做『犯賤』，有時看到需要救但沒去救的貓，晚上會睡不著，很想馬上回去看看。」他以前在灣仔上班，曾經在利東街附近看到兩隻流浪貓。「當時曾想過要不要帶牠們回家，但最後還是沒有。第二天再去，有人跟我說有一隻被車撞死了，當下就決定將餘下的另一隻帶回家。」雖然不是他的錯，但那些錯過了的生命，一直都在他腦海中，揮之不去。「我覺得於心不忍，很想為牠做些事。」

無形的收穫

我以為，像黃先生這樣的人，一定是很喜歡貓，才會為牠們付出大量時間和金錢，但他說並非如此。

「我不會當牠們是寵物，不會因為能和牠們玩耍就覺得快樂。對我而言，照顧貓開心的是只要你付出一點點，牠就已經可以生存，不用再擔驚受怕。」這二十多年他付出了多少？他沒有量化過。「要計算不如不要做。最高峰時一個月花去三萬元，但除去幾十隻狗、百多隻貓，每一隻能分得到的其實很少。」

他內心一直有一個疑問，為甚麼有些動物可以過著幸福的生活，而有一些卻慘得被虐待致死？「最後發現佛家思想能夠為我解答，是因果報應，上輩子做得好，這輩子就會好。可能我上輩子做了很多對不起貓狗的事，所以這一生要還。這種說法能夠令我信服。」

不過上輩子的事太遙遠，黃先生只能跟我談起他聲色犬馬的上半生。「一星期打七次麻雀，再去賭馬，這種生活似乎太過了，應該做些事來取回平衡。（幫動物）可以說是贖罪，幫牠們沒有想過要有回報。」不過，收穫往往在意想不到的地方出現。

他於十年前退休的時候，用了三十萬買下貓舍的單位，樓價飆升，單位現今市價一百八十多萬。「我本身有物業，如不是為了貓，我是不會再買樓的。所以你說貓會不會帶給你回報呢？你永遠都不會知道的。」對他來說，錢夠用就好了。錢再多，也不代表生活就沒有煩惱。「一個人活在世上，會有很多不同的煩惱，但因為有了牠們，就會覺得其他煩惱只是小事。」

他以前是政府行政主任，最怕開會撰寫英文會議記錄。「因為永遠不會事先知道開會內容，有些專門議題，一般人未必明白，但你就是要寫，而且不能錄音，有時開會前的一晚會很擔憂。」他發現，最有效的紓壓方法，並不是休息，而是找一些比工作更忙碌的事來做。「當你沒事忙，就會胡思亂想然後開始擔憂。但我每晚回家照顧貓狗已經花去大半時間精力，哪有心思擔心明天開會？日日都忙著上班，下班後又趕著照顧牠們。有了牠們後，其他的壓力我都不大理會。」

「牠們不會令我中六合彩，亦不會令我多幾斤肉。甚至在牠們眼中，我只是服侍牠們的工人，但如果沒有牠們為我分散注意力，我可能一天到晚都困在生活的煩惱中。」

黃先生今年七十一歲，依然身壯力健，每天體力勞動六、七小時照顧貓狗的起居飲食也不覺得辛苦。「這可能也是牠們帶給我的無形收穫，有些人退休兩年就離世，因為太空閒，就自尋煩惱覺得自己生病，結果想得多便成了真。有事忙的人會更長命，就好像我，哈哈。」

貓雖然沒有帶給他名或利，但能夠達致心靈富足，他還有甚麼需要追求呢？

餘生讓我照顧你

04

阿安

（由於家人反對，阿安不便上鏡，及只能使用化名。）

星期日的下午，阿安帶我們在嶺南大學遊走，餵貓、影貓。從未踏足嶺南的我，以為一進校園就能輕易看到貓，沒想到圍著校園走了一圈，只遇到小貓三四隻，跟我想像中的「貓天堂」相差太遠。「現實中的嶺南並不是大家想像的那麼好，很怕有報道說這裏是貓天堂，然後就會有人來這裏棄貓。」初次致電她相約訪問時，她已這樣跟我說。

不知從甚麼時候開始，一隻又一隻

野貓進駐校園。一直以來都靠有心的職員、學生出錢出力餵食，才令住在校園裏的貓不需要捱餓，大概這就是讓人覺得這裏是天堂的原因。外面的人以為這裏有幾千人在餵貓，的確有不少人隨興而來、不定時地餵，有很多人因為喜歡貓而來影貓，為了與貓親近便帶來幾個貓罐頭。

這裏不是貓天堂

「學校實行博雅教育，幸好暫時沒有

人提出反對，但這裏真的不是個天堂。同學沒有特別關注，固定來餵貓的同事也只有兩、三個。另外有些人會去餵宿舍那邊的幾隻貓，因為牠們親人，但全校有那麼多貓，其他不親人的，難道不用吃嗎？」現在負責餵貓的主要是兩位在校任職的保安叔叔，一個負責早餐另一個負責晚餐，幸好他們不辭勞苦，休息日也回校餵貓，牠們才有兩餐溫飽。

阿安早年曾在嶺南大學工作，起初並不知道校園裏住了過百隻貓。直到有一天下班晚了，才看到一群又一群的貓走出來等開飯。「那時對貓沒有太大偏愛，但見餵貓的職員拿著兩個大袋子，很辛苦，那我也幫忙餵一些吧。」大部份在校園內餵貓的有心人都是學校的職員，但他們離職後，就不會再回來餵貓，不過阿安是個例外。她在嶺南工作了幾個月便離職，但餵貓的責任，她維持了差不多七年。

「我離職後，星期一至五還有其他同事負責餵，但放假就沒有人專程回來餵了，所以我逢星期六、日都會回來餵一餐。」這麼多年來她都風雨不改，拖著八公斤貓糧回校，一來一回加上走遍整個校園給所有貓餵食，至少需要三小時。星期一至五她要上班，而且常常要加班，星期六、日就出去餵貓，七年來都沒有真正休息過。

「如果星期六、日有事忙，就安排在早上或夜晚，偷點時間過來餵。有些家庭聚會，如果是我娘家的，便會叫丈夫幫我餵完才趕來，如果是夫家的活動就要一起出席了。曾找學生幫忙，但即使是一天都很困難，他們有不同的原因無法在假期回校。」直到前年，她因要照顧患病的家人，才讓校園的保安叔叔接手餵飼的工作。

校園就是一個社區縮影，有人喜歡貓，亦有人不喜歡。阿安的工作，有人會給予掌聲，亦引來某些人的反感。嶺南最高峰時有差不多二百隻貓，貓多食物多，難免引來昆蟲，當然有人會責怪阿安他們把地方弄髒。所以多年來她都盡量低調，怕被人投訴，受苦的就會是這群貓。「校方不反對已經很好，他們大可以學生安全、環境衛生為理

保安叔叔接替阿安，負責為校園內的貓供糧供水，他也非常疼愛這些嶺南貓。

由，把貓趕走。我們不知道會不會有人一直想處理這些貓，只是在等一個行動的藉口。」

住在這校園的貓性格也各有不同，有的親人、有的怕人；有些表面嗲人但被摸久可能會出爪傷人；亦有些完全不能踎的。多年來，阿安最害怕是有學生逗貓時被抓傷，然後把事情鬧大。「如果有學生因為傷口發炎而要去看急症就慘了，醫院一定叫你報警，然後通知漁護署處理。」

住在校園裏的貓，我曾以為有固定支援，但原來從來都是義工孤身走我路。阿安最難忘是有一年的冬天，校園突然有不少貓死去。「三個人負責在不同時段餵貓，大家都

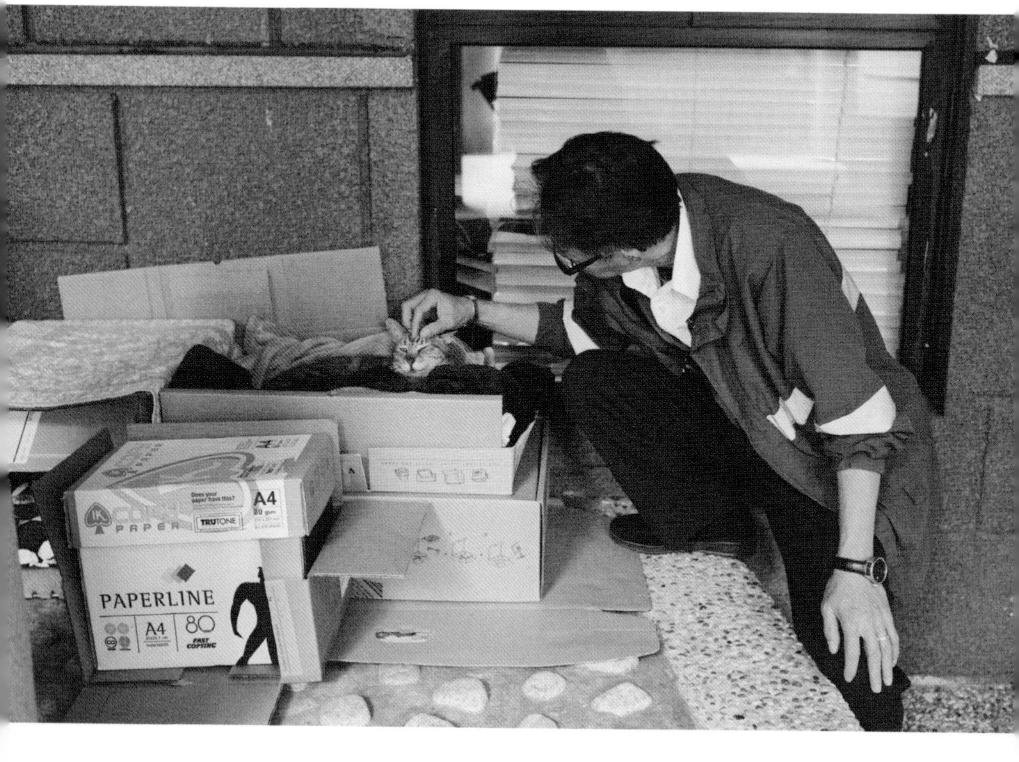

分別發現有貓死去，加起來原來有十隻。於是請保安和清潔工幫忙留意，他們是沒有義務的，而且他們的外判公司亦會叫員工不要多管閒事，但我希望可以拿屍體去解剖，也許會知道發生甚麼事。擾攘了差不多一個月，因為再沒有貓死，這件事就成了無頭公案。」貓的生生死死，有時讓人很無奈。「有些親人的貓突然不見了，你不會知道牠是被人收養了還是遭遇不測，只能祝福牠們過得安好。」

外面的人對嶺南貓似乎有不少美好的想像，以為牠們過的是無憂無慮的生活，吃好住好，生病了就有醫療團隊替牠們治療。但現實是，嶺南並沒有醫療團隊，或許有些有心人都留意到貓貓們的健康情況，但出手的似乎只有阿安。每逢她看到受傷或生病的貓，都會設法把牠們救走。「能讓我抱走的都會救，如果牠很怕我，就會設法捕捉，但大部份不能成功。曾經救了怕人的貓，但當牠到了陌生的地方就更害怕，救回來也沒辦法餵藥、打皮下水。」校園的貓多數有貓愛滋，加上不少貓年紀大，每年冬天都有貓消失。

七年來，阿安救過了不少老弱、生病的貓，有十多歲的老貓、有患上貓愛滋、腎病的貓、也有受傷的貓。貓是種很能忍痛的動物，生病初期病徵並不明顯，直到很嚴重時才讓人發現。所以每隻阿安救回來的貓，都不是傷風感冒這種小毛病，而是必須與死神搏鬥的狀態，一捉回來就要住院醫治，醫療費絕不便宜。

救貓費用再多，她也不願選擇以募捐方法來解決，因為她怕交代數目時的繁複、亦怕別人的不信任。幾年前一個學生組織曾為她照顧的貓募捐，但後來組織幹事換屆了，捐款有一段時間沒有人跟進也沒有交給她，卻有捐款人問她錢用在哪裏。「我連有多少捐款也不知道。」後來有畢業生跟進捐款，但學校新一屆組織卻似不信任她。「他們叫我提供收據，我請診所職員替我複印，但他們說收據是複印本，有問題。我覺得最荒謬的是他們沒有事先通知我就直接找診所醫生寫信確認我的身份。醫生信寫好了，他們又覺得不足以證明。」她覺得這樣有欠尊重，又覺得麻煩，寧願不要捐款，叫學生不如將錢全部買糧給貓吧。「他們卻說不可以，因為募捐時說明了是給其中一隻我照顧的貓醫病，但其實我自己都出錢醫了一年，他們籌到的錢都不夠我其中一、兩張醫療單。」

她家現時住了十多隻貓，當中大部份都是她從校園拾回家的。成貓一般較難被人領養，所以有些義工因資源所限，偏向接收初生的小貓，通常只有極親人的成貓才有機會被暫託、被人領養。而阿安的收貓標準，是看貓有沒有需要，品種、外貌、年齡都是其次。不少別人眼中的「籮底橙」，都成了阿安家裏的寶貝，而大部份都是「有入無出」，不須再流浪街頭，阿安亦沒有打算將牠們轉送給其他人。「朋友都說我的家是個寧養中心。」她笑說。

「很多救回來的貓狀態都不好、有病而且年紀大，通常不會很長命，大概會在我家多留一、兩年。這一、兩年我很有信心地給了牠們一個有質素的生活及有愛的家，我覺得這也算是個少少成就。」

煩心事

做貓義工，快樂源自貓，但她遇過煩心或惱人的事，則源於人。校園裏生病的貓一向乏人照顧，阿安不忍心牠們自生自滅，便帶回家。校園宿舍曾經有一隻頗有名氣的貓，阿安餵貓時留意到牠很瘦，情況持續了個多月，懷疑牠患上腎病，便帶牠就醫、再帶回家養病。「牠病時沒人理，怎料我接走了牠後就有人理了。」意見主要分成兩種，一種覺得有人願意把貓帶回家照顧是好事，但亦有人覺得貓是屬於嶺南的，即使死也要死在校園。對於後者的聲音，阿安當然沒有理會，因為她只關心貓的生死，人的煩擾沒有放心上，只是心情總會受影響。

很多人並不理解義工的工作，要消除誤解，是需要時間的。在校園幫忙餵貓的保安叔叔亦是個愛貓之

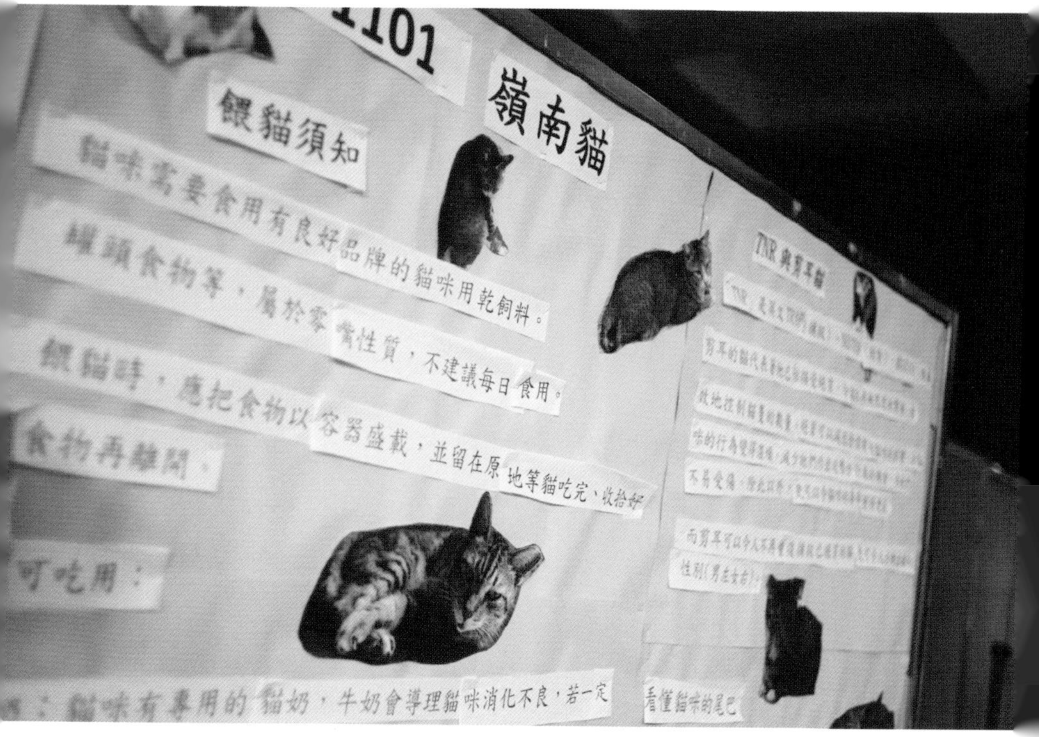

嶺南大學有學生組織「嶺南貓社」，亦有學生自發照顧校園內部份流浪貓，但每年幹事換屆，難以持續。

校園內設有不少供流浪貓避風躲雨的設備，亦有告示板教導學生及遊人如何對待嶺南貓，這些都有賴一班有心的學生及義工的付出。

人，但阿安也用了一年時間，才讓對方理解自己所做的事。「他最初都罵我：『陳小姐，你喜歡的貓就救，不喜歡的就不救。』要和他解釋，不是我不願救，而是太怕人的貓，去到陌生的環境牠們就更害怕，我帶回家也沒辦法幫牠吊鹽水、餵藥，可能花了幾萬元醫藥費到最後也救不了。我的資源有限，無奈只能選擇能救的去救，何況怕人的貓連捕捉都相當困難。」

「保安叔喜歡熱鬧，最初我替貓做絕育時，他最喜歡在我捉貓前把貓都餵飽，我怎樣引誘也沒有貓入籠。但後來他也看到母貓不停地生，身體漸弱，校園有蛇、有大蜈蚣、有狗，又有傳染病，就算讓小貓出世，牠們遭遇橫禍的機會也很高，他自己看到也很心痛，漸漸也接受替貓絕育了。其實保安叔也很愛惜那些貓，解釋清楚後他就明白了。」

最令人氣餒的，從來都是傷害貓的人，無論基於任何原因。阿安家裏有一隻很怕人的貓，養了五年，牠最多只能讓阿安摸摸頭，更親密的舉動則免談。阿安在校園遇見牠時，牠只是初生的小貓，但因為常常有學生來嚇牠，令牠很怕人。阿安看牠還小，便帶回家，希望多給牠愛護能改變牠的性格，然後給牠找一個疼惜牠的主人。

小貓的樣子可愛，很快就有領養者。阿安叫對方想清楚，不要只因為樣子可愛而決定領養。「談了很多次、也探訪過很多次，對方很清楚這隻貓是怕人的，還是決定領養，說自己很有耐性，既然這樣我亦不能扼殺貓得到幸福的機會。」言猶在耳，領養人的「耐性」在三個月後就讓現實磨滅了。「他說沒想到養一隻不親人的貓會令自己這麼不開心。我就只好把貓收回，現在養了五年牠仍然怕人，常常在櫃頂睡覺，我只能在下面抬頭叫牠『喂你今日點呀？怎麼不下來食飯呀？』」貓義工每一次將貓交付給領養人，都像是一場賭博，賭的是貓的命運。賭贏了，貓就得到一生幸福；賭輸了，就只能接受現實。

不管是甚麼棄貓原因她都看透了，大部份她都不追究，直接把貓接回家。而讓她真正動氣，只有一次。有一回領養者說要搬家，希望她可以暫時照顧貓一陣子。「半夜時突然說在我家樓下，就這樣把貓帶來給我。」她回到家才發現貓的口腔潰爛，醫生說是免疫系統出了問題，共醫了過萬元。而領養人事前隻字不提貓生病的事，亦沒有再接回貓。「真的很生氣，我寧願他早點把貓還給我，不要拖到情況這麼嚴重，那隻貓很乖很親人的。」

虧欠

動物的醫療很昂貴，不少十多歲的貓，就是因為這樣被遺棄。阿安當然很清楚醫療費的昂貴，但她做不出見死不救的事。「一隻貓在醫院住一星期再加上化驗和醫藥就已經七千元。」她只是個普通的打工仔，每個月貓的飲食、醫藥費已花掉她大半薪金，她也直言如不是要錢照顧家裏的貓，她可以選一份壓力較小的工作。但現在的她，為了貓，工作多年仍是個月清族。「之前公司遲了幾天出糧給我，但我所有的自動轉賬都設定在一號過數，結果所有費用都過不了賬，唯有硬著頭皮打去銀行說『戶口明明有錢但不知為甚麼過不了賬』，但職員回答我『除了戶口無錢應該沒有其他原因』，我也覺得很尷尬。」

她沒有計算過這些年來為貓付出過多少錢，只能大概說出十多隻貓一個月的糧食費、貓砂錢約一萬元，另加醫藥費。「怎會不知道用了很多錢？每次去獸醫處都不會幾百元就能結帳的，每次都要用信用咭，所以我沒有積蓄。錢就得這麼多，我每月都要扣起父母的家用來維持貓的生活。我的父母已經退休了，我是可以給他們更好的生活，但因為貓，我不能夠這樣做。」

阿安自小喜歡動物，但因為小時候家住公屋，即使母親曾經救過一隻小狗回家，最後也要送給人收養。「我有幫忙餵奶，很不捨得，只懂得哭。」她在婚後才領養第一隻貓，在開始接觸嶺南貓後，她很快就把家塞滿了十多隻貓。有老的、有病的，每天回到家，阿安都不能休

校園內的貓雖比街上的貓多了些庇護，但野外生活始終滿佈危機，近年貓愛滋在嶺南社區肆虐，帶走不少貓貓的性命。

息，要開始她的另一份工作。「沒有時間和精力煮飯了，都是吃外賣。吃飽休息一會，就開始換水、倒糧，有些貓要飯前餵藥，有些貓則是飯後餵，有些貓要餵食處方糧，還要吊皮下水、清完貓砂，就差不多到了睡覺時間。自己不能處理所有家務，要請家務助理幫忙打掃。」

貓改變她的生命，同樣改變了她丈夫的生命。阿安太累的時候，照顧貓的工作就由丈夫頂上。「曾經有幾個月我一直生病，他就代替我星期六、日去嶺南餵貓。」因為貓，阿安已有很多年沒有去旅行，她倒不覺得是個犧牲，因為照顧貓是她的選擇，只是丈夫也因為她的選擇作出犧牲，她有時覺得自己連累了他。「上年聖誕他很想去澳門，游說我只是兩日一夜，一開始我也拒絕，家中的貓有心臟病、有腎病也有貓愛滋，怎樣走得開？但最後還是決定陪他去，不過第二天一早就要搭船回來，其實也頗沒趣……」

唯一可惜的是丈夫的家人一直反對她養貓，所以多年來她的救貓工作都要偷偷進行。「他們不喜歡動物，自從我養貓後他們就沒有再來我家了。有時會埋怨說因為我的貓，使他們不能來我家打麻雀。他們不知道我有多少隻貓，搬屋時他們要來吃入伙飯，我就只放幾隻在新居，其餘的都留在舊居。」阿安的義工身份有時令丈夫成為磨心，她覺得這是一個虧欠。

阿安是個心軟的人，看到貓有事，只要有能力，她從不吝嗇口袋裏的錢。能夠置業，全靠她丈夫私下儲得一成首期。她的丈夫是個理性的人，會告訴她救貓是個只有付出、沒有收穫的工作，長久下去不是辦法。「老公是個好好先生，但也說過貓並不是人，將來我老了不會陪我去看醫生、更不會養我、不會安排我的後事。其實這些我都明白，但我就只懂得以哭回應。」

養貓前，阿安沒有想過自己的家能容納十多隻貓。每一次帶貓入屋，都是一個挑戰。「不斷地測試老公的底線，必要時就用眼淚攻勢，但最後連自己也覺得不能再加了。如果我累一點但能幫助牠們倒是沒有問題，但我已經累到連餵藥了沒有都記不起，無能力再做更多了。」生活太忙，她的精力和健康已大不如前。「家裏有一半貓需要餵藥，曾經因為貓躲在櫃頂不願出來，我先放下牠的藥去做其他事情，但轉身就忘記了，一累就上床睡著了。」

每個養寵物的人，總需經歷生離死別。阿安的貓，在她身邊的時間大多很短。「每一次有貓離開，我都安慰自己，慶幸有機會照顧到牠們，令牠們感受到家庭溫暖。」做了七年義工，阿安開始覺得力有不逮。不少義工因為做得太多而負荷不了，最終離開這行列，阿安不想成為其中一員，她選擇放慢腳步，希望自己能維持得久一點。她現已將餵貓的工作交給其他人，亦沒有再接新貓回家，老貓一隻一隻的離去，她計劃等家裏的貓數量減少到十隻以下，便能抽出時間照顧街上的流浪貓，或到貓舍幫忙。「家裏的貓都老了，帶新貓回來對牠們的健康也不好。以前牠們感冒吃營養補充就可以，但現在一定要吃藥。」

在嶺南拍照那天，我問她，如果再遇到貓病了、受傷了，她會怎樣做？「親眼看到，不能不救。」阿安曾在街上看到一隻受傷了的雛鳥，她沒有照顧小鳥的經驗，但也沒有多想就把牠帶回家。「牠的腳傷了，因為貓會撲鳥，所以我把牠放在廁所裏。原來鳥的大便很多，一小時排便四、五次，我只好在廁所裏鋪滿尿片，但仍然到處是鳥屎……生活中突然又多了些雜務。」

大概拯救動物的性格也是本性難移，想改也改不了。「可能前生我是個屠夫，今生要來還債吧。」她笑說。七年來所付出過的時間、心血及金錢，她輕輕說出這句作為總結。

為你找個安身之所

眼前的Milk，身型瘦削，但說話中氣十足、雙眼有神，說到激氣事時會像機關槍發炮，一看就知是個霸氣姐，不能得罪。畫面一轉，她家的貓走過來踏上她的腿、伸伸懶腰，她的語氣馬上轉變，「瞓醒啦？」她也直言「這把聲是我對任何人包括是男朋友都不會出現的。」

Milk的朋友都知道她其實是個「鱷魚頭老襯底」，表面好像很精明，

但實際是常常因為貓的事而吃虧。她家中有七隻貓，其中一隻有便溺問題，她用盡各種方法都不能令牠乖乖在砂盤上如廁，她常常在Facebook說要把貓送給人，但誰都知道，她的貓就是她的命根，這一隻更是她每一餐都親手餵食，她怎捨得送人？

Milk從小怕貓，直至有次在鄰居家中接觸到異國短毛貓，從此因為牠們的溫馴親人而「誤墮」溫柔鄉。異國短毛貓也被稱為「扁鼻貓」，一張扁塌的臉雖可愛，但這塊可愛的面孔背後是淚管與鼻氣管過短，牠的眼睛和鼻子之間的鼻淚管因受擠壓造成阻塞，使眼淚無法流到鼻腔，而要排出眼外，主人需要每天勤力清理，鼻氣管過短也容易有氣

部份異國短毛貓由於先天臉部扁塌的特徵，導致難以自行進食，經常需要主人用手餵飼貓糧。

促的問題。而有些異國短毛貓因嘴巴太短，吃糧費力，主人就成了牠們的「人肉餵食器」，每餐都需要手動餵食。照顧家中七隻扁鼻貓花了Milk不少時間，再加上工作忙碌，經常睡眠不足。她常說再沒有時間暫託待領養的貓。但每次得知有貓無家可歸的時候，她總是心軟又把貓帶回家。

「難道不救嗎？」這句話常常掛在Milk的口邊，亦有不少貓因為這句話而得到重生。名種貓在寵物店售賣動輒上萬元仍不乏捧場客，回到家大概也會是個金叵蘿，萬千寵愛在一身。然而，名種貓中也有不被愛的一群，Milk這幾年來見過不少。這些貓在某些人的眼中只是一棵搖錢樹，或是用來贏取榮譽的工具，若失去了利用的價值，這些貓大多落得被拋棄的下場。

遇到了就難以坐視不理

Milk養的第一隻貓Nana就是來自繁殖者的異國短毛貓，那已是十年前的事，她隨鄰居到一個繁殖者的家，遇見及喜歡上Nana，繁殖者直接叫她把貓帶走。那時的她因為對Nana的喜愛，沒有想太多就把貓拿回家了。但漸漸地她終於明白為甚麼繁殖者會那麼慷慨，隨意就送了她一隻名種貓。原來一些名種貓的繁殖者，會把繁殖過的「退役貓」或外貌未達要求的貓放走。

這些繁殖者一般不會要貓不停地生，一年大概一胎，他們有些目標是培育出冠軍貓，通常只會要貓生下一、兩胎，留下血統，然後就讓大貓「退役」。而另一些賣貓的繁殖者，會因為繁殖出的小貓外形未如理想，不想影響招牌，便把小貓送走。有些不幸的貓會被賣到內地，逃不過繼續繁殖至死的命運；一些較好的繁殖者會讓貓給人領養，但會先為貓安排絕育，為防領養人繁殖貓來謀利。

在認識了這樣的繁殖者後，Milk開始為這些退役貓尋找一個負責任、疼愛貓的領養者，為牠們找一個幸福的家。「最初不知道甚麼人會喜歡這些貓，而且希望能找一些信得過的主人，因為扁鼻貓的先天特徵令照顧者需要花更多時間與精力去打理，於是不斷找身邊的朋友領養。」

如一般對於在寵物店買貓的批評，可能有人覺得Milk這樣做，是間接助長繁殖者繼續賣貓、繁殖貓，令更多貓受害。她知道自己這種做法很受爭議，她自己也覺得很矛盾，有時分不清自己所做的是對還是錯，「我很喜歡扁鼻貓，無法不去救牠們。其實愈是有品種、血統的貓命運愈慘，配種貓只能困在籠裏，無人錫、無人抱、無人理。難道要看著牠們這樣過日子，甚麼也不做嗎？」但換個角度來看，如果沒有Milk插手，這些繁殖者就會放棄這些業務嗎？還是被退役的種貓會過更悲慘的日子？有些繁殖者不會好好照顧貓，皮膚病、皰疹上眼等問題常常出現，每次看到都氣得Milk想破口大罵，但她總要沉得住氣，因為一旦鬧翻，對方大可不再把貓交給她安排領養，會否被遺棄街上或是被帶到內地她都無從得知。

有少部份繁殖者對待貓不至於用完即棄，願意照顧退役的種貓終老，但Milk卻會說服他們盡早放手。「他們覺得負責任就是為貓提供三餐一宿，但我覺得這些責任就不必了，這樣過一世是沒有意思的。貓是需要一個家，有人錫、有人摸、有人愛，如果他們肯放手，我會即刻接走牠。」

Milk有時也會接收一些被主人遺棄的貓，她通常都不會說服這些主人把貓留下，直接把貓接走，因為她覺得貓當下的幸福是最重要的。「既然選擇拋棄，即是已經不愛，這已經是一個很充份的理由，不愛可能會困籠、不打理、不再摸，甚至可能會打牠。那為甚麼還要勉強留在這個家呢？不如早點接走牠，讓牠早日找到愛牠的人吧。即使被遺棄的貓十歲，但牠可能還有五、六年的生命。如果被一個不愛錫牠的主人養，可能這五、六年牠都會困在籠裏。你是隻貓也想找個愛你的主人，怎會想留在原主人身邊被他拳打腳踢？何必堅持要原主人負責任把貓留下？」

領養後的關照

她身邊的朋友也感覺到貓帶給她的快樂，也起了養貓的念頭，但當中有不少都沒有養貓經驗，擔心自己應付不來。「去旅行時叫朋友來幫我照顧幾天，讓他們親身體驗適不適合養貓。」而一個成功的領養，貓和人都是得益者，Milk 這個媒人則是功不可沒。「也不是所有想養貓的人都能幫他們安排領養，我是要替貓找個適合牠的主人，例如隻貓很容易驚慌，需要時間來習慣，

如果給一個新手或不熟貓性格的人可能會很麻煩，會無從入手。好像我媽媽的情況，她養了十六年的狗過身了，很傷心，不敢再養了。我就叫她不如領養一隻老貓吧，老貓很難有人領養，她可以令牠們最後的日子過得開心之餘，自己又有個伴。」

縱使她已盡能力為貓挑選一個好的領養人，可是人心難測，有一次，Milk 無意之間發現，一個兩年前的領養者把貓給了其他人飼養。「不想再有這樣的事情發生，希望貓被領養後也可以知道牠們過得如何，於是在 Facebook 開了個群組，加了所有領養者，讓他們可以隨時更新貓咪的生活情況。同時有任何飼養上的問題，也可以提出來尋求協

助。當初我領Nana回家後牠就病了，可能是因為扁鼻貓的抵抗力不好，而且轉了新環境，再加上自己第一次養貓甚麼都不懂得處理，所以更明白領養後是需要有人教導如何照顧貓。」這個「我們是扁鼻貓」的群組，現時有二千多個會員，不單止有領養者，還是更多喜愛扁鼻貓的主人分享愛貓的日常生活。

Milk本身是個愛美的人，養貓後她就將這種性格轉移至貓身上。長毛貓需要不時梳理才能漂亮示人，Milk花了很多時間研究如何打理，才能將牠們由原本的醜小貓變得人見人愛。這些寵物護理心得都是她不斷嘗試累積而來的，哪款洗頭水用後會減少脫毛情況、哪款梳子用後毛髮會順理一點，Milk全都樂於在群組中分享。「種貓未絕育、又無人打理，初領養時一定又瘦又醜的，教會所有領養者如何把貓變靚的成功感很大。」

「一直以來都沒有人公開教授如何幫長毛貓洗澡，就像是個商業機密般怕被人知道，但這不是我的性格。外面的寵物美容舖一定很討厭我，我教識大家自己為貓洗澡，就不用光顧寵物美容。」明知是吃力不討好，但她還是去做。「養這種貓不是能提供兩餐就夠的，會想要讓牠們變得健康漂亮。我想證明給人看，被人嫌棄的領養貓只要付出心機，也可以變得很漂亮。」

有些人購買名種貓是因為牠們討好的外貌，但其實若沒有主人的悉心打理，一隻貓價錢再昂貴、血統再純正也不等於是可愛。就像Milk家中七隻扁鼻貓，有的原先在繁殖者眼中是未達標準，但在Milk的照料下，牠們都能在貓展中奪冠。「帶貓參加貓展不是為名利，只想證明我一直的想法：『世上沒有醜的貓，只有懶的主人。』做到了就不再去貓展了。喜歡扁鼻貓的也可以領養，不需要購買的，雖然領回來的貓一開始未必是漂亮，但只要用心打理，牠們一定能成為一隻靚貓。」

是你們改變了我的人生

Milk的性格屬隨心而行，覺得對的事情就做，不太在意別人的想法，唯一的死穴就是貓，但她以前其實很害怕貓。「小時候姨媽家的貓經常抓人、打人，覺得很恐怖，所以對貓沒有好感。」她父母都喜歡動物，家裏養過不少寵物，別人家不要的混種狗也送給他們養。「後來死了全家都很傷心，不久後又有隻被人遺棄的狗問我們要不要，一直以來都是養別人不要的。」

她十八歲打第一份工做地產經紀，第一天上班就領了隻比熊犬回家。「帶客人睇樓，入到屋就有隻狗跟住我，屋主說『隻狗喜歡你，你拿牠回家吧。』」一般人應該只當對方講笑，但Milk真的把狗帶回家。「要向公司請半日假帶狗回家，那時剛搬出來和男友住，他見到狗也呆了，『明明你上班，為甚麼會抱了隻狗回來？』」

當時的她大概想不到，她後來會養貓。二〇〇七年她搬入西貢，認識了一個養了十隻貓的鄰居，才對貓改觀。「第一次見到扁鼻貓，覺得很得意，又想嘗試養。」後來鄰居帶她到訪一個扁鼻貓繁殖者的家。「只是打算去玩，沒想過要領養。到那裏看見有一隻貓的額頭好像有個月亮，我說牠幾得意，那個繁殖者就說『你拿去吧』。我連貓袋都沒有，同行的朋友有帶狗，便借了個狗袋給我，就這樣我帶了牠回家。」

Milk自小養狗，習慣了狗對主人熱情的生活模式，與貓的初回接觸，她的世界好像被顛倒了。「我一回到家牠就躲起來，怎樣氹牠都不理我，趁我睡覺才會出來。」這隻貓就是Nana，全身黑色，更沒有標緻的異國短毛貓面孔，但Milk卻當她是命根。「電話一響牠就會躲起來。起初牠甚少睡在我身邊，每次有這個機會我都覺得很sweet，但有一次朋友突然打來把牠吵醒，我會罵朋友：『你吵醒我隻貓呀！』自此我就把電話較至震動，再沒有響過聲了。」

十一歲的Nana是Milk養的第一隻貓，也從此令Milk愛上貓並改變了她的人生。雖然Nana的樣子一點也不標緻，卻是Milk的命根子，是她心目中無人能取代的冠軍貓。

突然之間她對貓好像著了魔，甚麼事都以貓為先，連喜歡的夜蒲酒吧都戒掉了，每晚都趕回家餵貓。但有些貓的性格是很慢熱，你對牠好並不代表牠會立即接受，貓奴們也不知吃過多少檸檬才得到貓的主動示好。在飼養了Nana一段時間後，有一天Milk回家開門時，牠突然衝出家門逃走了。「牠走到一間屋後的水渠位，找了很久才找回牠。我這麼愛錫牠、投放了這麼多的感情，但牠依然要走，覺得很失望。回到家我足足有一星期沒有理會牠。」Nana好像知道自己闖了大禍，那一星期無論Milk在家走到哪裏，牠都會跟著。「我對著牠說『你走啦，不要欺騙我感情呀。』但牠仍然跟著我，結果我還是愈來愈喜歡牠。」

Milk起初只是養貓，並沒有特意為退役的種貓尋家，只是遇上朋友想領養就會幫忙打聽。有一回，她的姑丈說想領養一隻貓，她便從繁殖者中救了一隻。「拿了回家才知道姑丈想把貓放在舖頭裏，扁鼻貓怎可以放在舖頭養？那就留在我家幫牠找主人。」這隻叫Toto的貓曾經有一次被領養的機會，但領養家庭只過一日就把貓送回給Milk，投訴牠四處便溺。「因為這樣牠變得很驚慌，口腔開始潰爛發臭，便打算把牠醫好後才再給人領養。」

「因為口腔的問題要餵藥，但每次餵藥牠都躲起來，令牠愈來愈怕，結果有一天看到牠好像七孔流血般污糟邋遢，好像快要死去。我就放棄再迫牠吃藥，結果牠就長胖、精神也好了，我就明白身體雖然重要但心理同樣不能忽視，現在牠只是會流一點點口水，由得牠吧。明知這隻貓是不能迫，那就不要迫，讓牠快樂地在我家生活。」

因為Milk家中的貓全是從繁殖者處領養回來，所以母貓居多，老么七少則是Milk家中的唯一一個男丁，同樣是從繁殖者手中救出來，一身黑色長毛常常被人笑稱牠是「乞幫幫主」。「我一向都不會付錢買貓，但繁殖者說不做了，我知道他會把貓賣到內地，所以就買了回來。靚貓我見過很多、為過很多靚貓尋家，亦常常說要養隻最靚的參加貓展，但最後來我家的貓都是不漂亮的。」

Milk的性格很倔強，一旦決定了去做的事就會向前衝，旁人的目光或批評她都不大理會，自從接觸了貓，她的性格才慢慢改變過來。「養貓對我最大的改變是責任心。」

養貓之前，Milk是一個不須為口奔馳的人，常常到蘭桂坊「蒲」天光。「以前有男朋友養，曾經做過保險，很幸運有很多朋友都幫襯我，不用上班、睡到下午才起身，客人又不會煩我、催我，給身邊的人都寵壞了。」這些自由自在的生活，在貓進駐她生命後就結束了。「男友會養我，但不會養我的貓，所以養了Nana後，就要做回一個正常人，要有一份穩定的收入。」喜歡夜蒲的習慣也要改變，不敢再喝到醉醺醺才回家，原因是要餵飽家中的七隻貓。「之前有養狗，但不會有很大的責任感，你不會常常擔心隻狗有沒有吃飯、夜了回家牠會否有意外。牠永遠都是那副性格，你回家牠就很快樂，但貓真的會生氣、不理你。去完旅行回來，牠不是給臉色你看，就是瘦了一圈，而貓心情不好的時候會吃很少東西。」

以往只有她向身邊的人發脾氣，今天同樣沒有人敢得罪她，但她因為貓而把脾氣都收斂了。「以前講電話都會鬧人，脾氣躁到不得了，所有朋友都被我鬧過了。現在平靜了很多，起碼在家不會大聲講話，因為貓害怕大聲，不想嚇壞牠們。」一物治一物，她終於遇上她的天敵。

Milk 深信，貓有改變人類的能力，這種改變不單是人與貓的相處，更是人與人之間的相處。因為扁鼻貓，她認識了一班有共同興趣的人。「大家只是網上認識，但可以組織一起去別人的家玩貓，原本不相識的人也可以這麼信任，樂意開放自己的家給人到訪。這種活動我們叫做『咸貓』，探貓的開心；貓的主人開心；只能看照片羨慕的我也開心。」她坦言，如不是貓，她決不會讓陌生人如我來到她的家做訪問。「這班人傻的，之前我膊頭痛，有一個不相識的 group 友拿了工具來我公司幫我按摩。又例如你有甚麼貓用品急著用但又買不到的話，一定有 group 友不收錢寄給你的。當有一個人展示了對人的信任後，就會感染到其他人也都不會防範。」這個群組不定期舉行聚會，無論有貓還是沒有貓的活動，大家都會搶著參加，而 Milk 希望這股團結的力量不只用於聯誼上。「很幸運能聚集了一班人，為甚麼我們不好好利用這個力量去做多些善事，去幫更多有需要的貓呢？」

要怎樣幫得更多，她還沒有一個實質的計劃，不過她心中倒有一個關於貓的願望。「希望開一間有貓美容服務的咖啡店，內裏的貓都是待領養的。那我就有時間、地方把牠們打理好，客人上來可以和牠玩，喜歡的就可以領養回家，總比留在繁殖者那裏好吧。」

因為貓，她人生的路改變了。

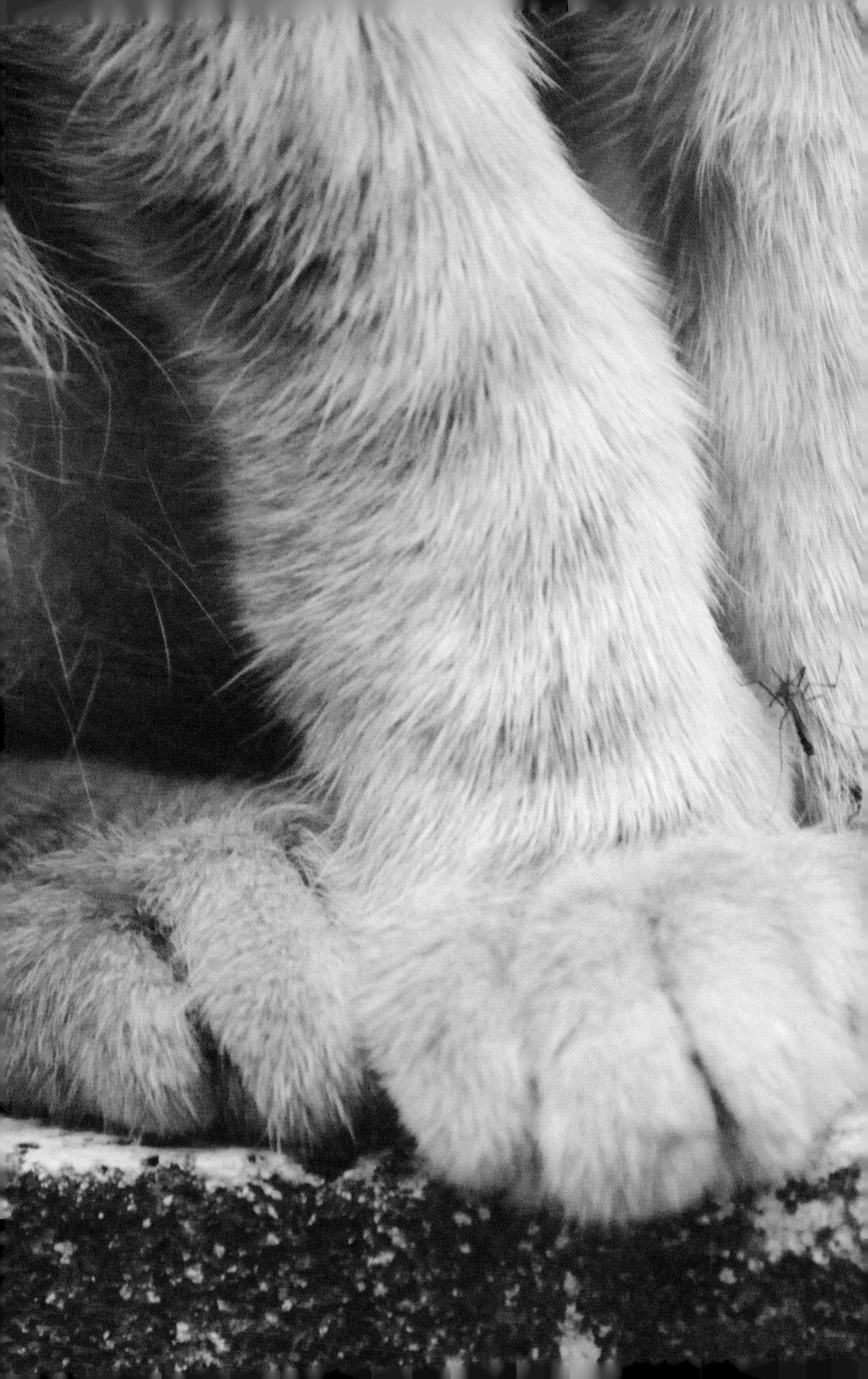

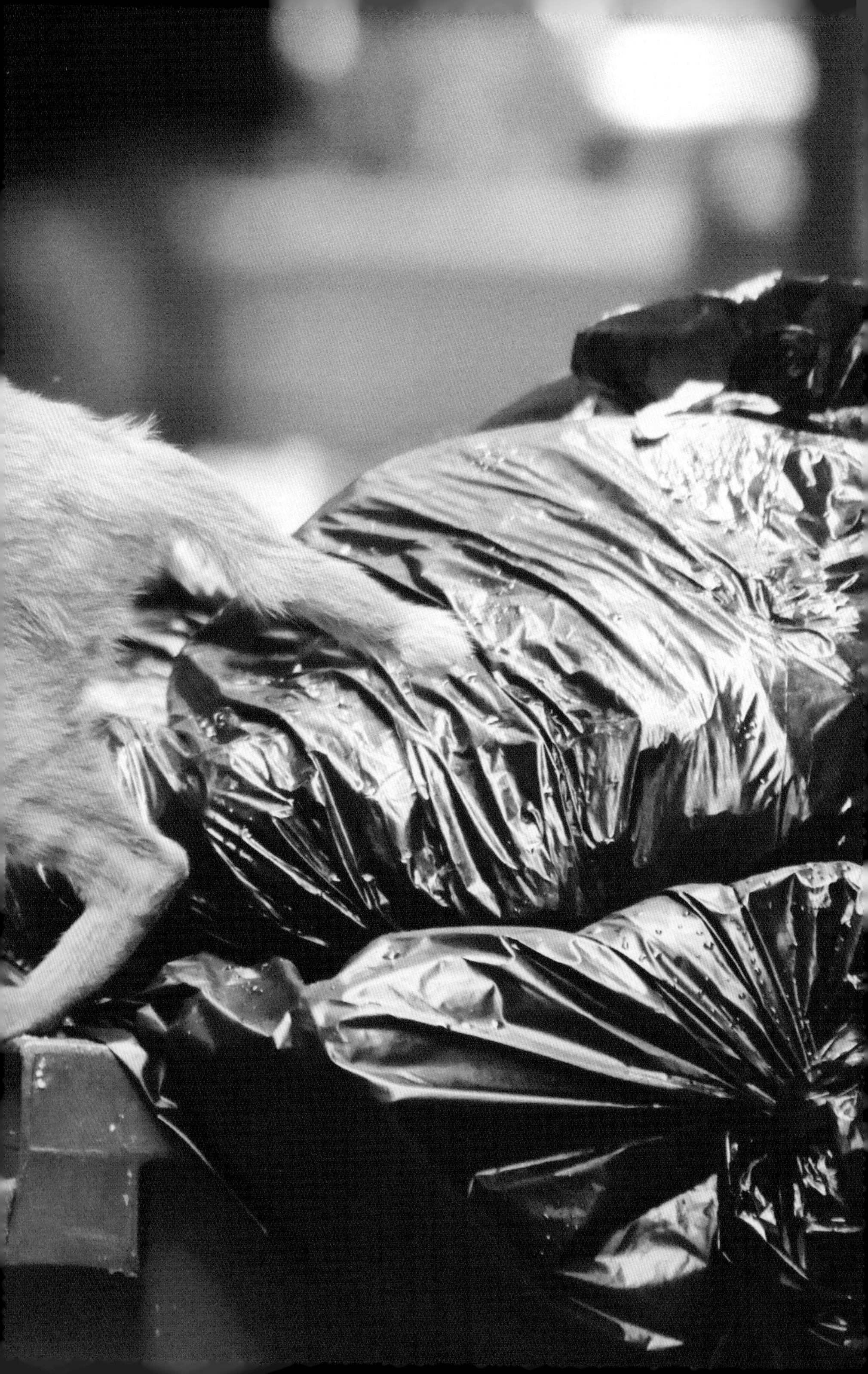

是寵物用品店　也是動物收容所

翠兒經營兩間寵物用品店，每當我與人介紹翠兒的背景時，說起她開的店大家都有點驚訝：「店內有貓？」是的，她的寵物用品店有貓，而且是很多貓，不過這些貓都謝絕銷售，牠們都曾經被遺棄或流浪街頭，現在等待愛惜牠的人出現。翠兒的寵物用品店，就是牠們暫時的容身之所。

她位於大埔的店，佔地六千呎，但用來賺錢的就只有兩間小小的鐵皮

屋，一間用來售賣寵物用品，另一間用作寵物美容。其餘的地方，她建了三間貓房收留待領養的貓、二十四小時冷氣不停開放。「不希望牠們被困在籠裏。雖然這裏的裝修很簡陋，但有空間讓牠們自由走動、睡覺，希望給牠們一個家的感覺。」

動物收容所

三間貓房中有一間劃為「惡貓區」，住了一群膽小或對人有戒心

的貓，牠們因為不親人的性格一直都沒有被人領養，有家之日遙遙無期，但翠兒決不會捨棄牠們。「牠們已在室內住了一段時間，再將牠們放回街上是很殘忍的，我會一直留著這房間讓牠們生活，說不定哪一天會有領養人願意帶這些貓回家，即使沒有，牠們也可以在這裏終老。」

三間貓房住了多少隻貓？翠兒沒有數過。由二〇〇九年開業到現在，她救過多少動物、為多少貓狗找到了家，翠兒都沒有統計過。「每天都有貓來、有貓走，也不敢數有多少貓了，這裏同時可以收留三、四十隻。只要還有空位我就會繼續收，最高峰時我們連員工休息室也放了貓。」

來到這裏的貓，有的曾經流浪街頭、有的被主人遺棄、有的由其他義工轉介而來。只要還有空位，她就不問原因，全都接收，有病的就出錢醫病、健康的就為牠找個家。「超過十歲的貓，我會先替牠驗血，希望給新主人前能知道牠的身體狀況，以免牠有傳染病傳給新家的貓。」暫託期間所有的支出都由翠兒承擔，她不收領養者分文，只願領養者能對動物付出真心。

除了貓，她還劃分了地方收留被遺棄的狗，但因狗佔的空間較大，所以只能收留幾隻。而在店外的一個大鐵籠內，住了一隻四年多前因餐廳結業而被主人遺棄的鸚鵡，當時牠因受不善對待而全身掉毛，卻因有人指鸚鵡患上愛滋才會掉毛，令原本有意收養牠的人都打退堂鼓，最後由翠兒把牠帶回來。

在她店裏的休息室還住了一隻變色龍，每天都要餵飼生蟲。飼養箱裏的昆蟲活生生在游走，不禁令人退避三舍，翠兒坦白說自己也不喜歡牠：「我的美容師在街上看到牠連箱被遺棄，覺得牠很慘，我說你要把牠放在店裏也可以，但不要叫我親自照顧牠，我無法接受要把一隻活生生的草蜢掉入籠餵。」

除了店裏被遺棄的動物外，翠兒還養了三隻狗一隻貓，除了第一隻飼養的都柏文犬是十多年前買回來外，其餘都是領養的。「家裏的貓瞎了眼，身邊的老虎狗是被遺棄、金毛尋回犬則是四年多前牠的主人帶牠來洗澡後再沒有接回去，我們每天都一起上班、下班，我們是三位一體的。」

她每天九點起床，十點回到店後就開始忙碌的一天。小店人手有限，每件事她都親力親為。不過，拯救動物的工作才是花掉她最多的時間、精力和金錢。店裏有數十隻貓，任何一隻生病了她都要帶去看獸醫；遇上有求助、棄養的個案她也要立即處理，有時收到還要餵奶的幼貓時，她還要把貓帶回家照顧。「開店做到收店，有時凌晨一、兩點也有求助電話，如果太累就只好請對方讓我先休息幾個小時，第二天才去找他們。曾經有人晚上十一點多打電話來說有三隻貓不要了，叫我們馬上去接收。到了發現棄養者把貓困在天台的一個籠內。一般來說，捉貓前我們都會關上所有出入口以防貓逃走，但天台毫無遮掩，捉貓的難度極高，要確保貓在入籠的過程中不會逃走。棄養人把我們帶上天台後就走了，沒打算幫忙，向他借毛巾也說沒有，結果我們用了兩小時才把貓帶走。」

做生意，力不到不為財。可是，翠兒忙的大多是賺不到錢的事情，甚至把生意賺到的都用在救援工作上。「兩間店可做到收支平衡，但經常都不夠支付動物救援的開銷，就像之前救了一隻患癌的金毛尋回犬，用了五萬元醫療費，幸好最後都能康復而且還被領養了。」翠兒名義上是支薪的，可是每當醫療開支一超額時，她的薪金就會用在醫療費上，半年沒有薪酬也屬等閒事。「剛剛有一隻貓看醫生用了七千元，所以我這個星期也只能吃出前一丁了。」

救援工作是個深潭

如果十年前跟翠兒說，十年後的她要因為省錢而長期吃出前一丁，她應該會大笑說無可能，因為當時的翠兒還未成為動物義工。她本於內地任職市場營銷的工作十多年，直到二〇〇五年才開始回港定居。她一直喜歡動物，但因之前的工作要經常公幹，所以一直不敢飼養寵物。「回港後很想從事有關動物的工作，所以我於求職網只搜尋關鍵字『pet』。」她找到一份與寵物玩具有關的工作，以為終於可以接觸到喜歡的動物，可是做了一年，一隻貓、狗也見不到，於是她轉職到一間獸醫診所負責市場營銷的工作。在那裏，她如所願接觸到貓、狗，還開始認識了如何以商業活動輔助貓狗的拯救工作。「每一間診所都有一個貓籠，讓義工放置待領養的貓，如有人想領養便可聯絡義工。我覺得這樣很有意思，原來做生意亦可以回饋社會。」

做了兩年，正值香港樓市興旺，翠兒便與幾個朋友全職炒樓，兩三年

間賺了幾百萬。「當時的沙田第一城，樓價只是一百五十多萬，看也不用看就簽了臨時買賣合約、給了十多萬訂金，轉手就可以賺十多萬，賺一倍。」若非二〇一〇年政府推出辣招「額外印花稅」，她可能到今天仍在炒賣樓宇。「那時百無聊賴，每天起身後都不知道要做甚麼好，連朋友都叫我找些實事來做。」於是她想到開一間寵物用品店，「同樣在店內放個籠收留待領養貓，其實那時只以做生意的角度去想，放幾隻貓吸引人看、光顧我們。」

一個商業決定，卻開啟了她拯救貓狗之門。「開始接觸了動物義工，他們會叫我幫忙收留動物，後來叫我一起去家訪，開始體會到幫助動

翠兒稱她收留的流浪動物為「小朋友」，沒有子女的她早已視這些貓狗是她的兒女。

物的那種快樂。」她由一開始簡單的拯救工作一步一步走到核心來，經歷了很多，親身感受到每個個案的快樂與傷心，她形容現在的自己是「不能自拔」。

做生意，即使不講究賺大錢也應該做到收支平衡吧，可是她做了八年，不但沒有賺過錢，甚至把自己早年炒樓賺得的幾百萬都花光了。「剛開始時我還有積蓄，覺得補貼一些也不要緊。後來生意好了，但拯救動物的支出卻更多，『補貼』已經成了一個習慣，原來的積蓄都花光了，便縮減自己的開支。住小一點、住便宜一點，一個月省下來的租金也夠我多救一隻狗。」

翠兒慶幸到今天為止她仍有能力付出。「會定期捐糧食給某些狗場。有時幫助義工帶貓、狗去看醫生，因為我去會有折。幫得上忙的也不預計會收回錢，因為很多義工都幾十歲了，我會說等有錢再還給我，不用有壓力。生與死之間我一定選擇先救，不會因為錢而不帶動物去看醫生。」

人生百態

能救的就盡力救，但生死有命，她覺得有時要懂得放手。「當牠們吃不了、睡不了的時候，我就會讓牠安樂死，因為這樣拖下去是沒有意義的。」這種做法也許有些爭議，不過翠兒很堅持。「旁人給意見是一件很容易的事，但沒有親身經歷過是不會明白牠們有多痛苦，當你看到牠不會動、不吃、不喝地只會呻吟，相信看到的人都會不忍心牠們繼續受苦。

過了這麼多年，見過人生百態，翠兒亦建立了自己一套對待動物、領養人、棄養者的態度。「最討厭那些因為懷孕或交了新男友而棄養的人。通常帶貓來的也會拿出紙巾、流兩滴眼淚，『拜拜啦寶寶，媽咪好錫你的』，然後就走了，再沒有電話來問候。我對這些人自然沒好態度，『得啦、走啦』，哭也好、跪也好，我都是這樣處理。」

曾經有一個屋苑保安向翠兒求助，但棄養的並不是保安本人，而是他的一個住戶。「他說有個阿伯想拖狗去漁護署人道毀滅，那隻狗很乖的，希望我們可以幫幫忙。」於是翠兒致電給那主人，問他為何要棄養，得出的答案居然是「都十三歲了，差不多啦。」「我馬上問他甚麼叫差不多？他說差不多要死。我氣得罵他『阿伯你也差不多了吧』，他自己也是個老人家，為甚麼他會覺得狗老了就要人道毀滅呢？」

她亦遇過不少虐待貓狗的個案，看到一隻隻本應可愛及受人寵愛的動物被虐待，她當然是憤怒，會盡快把牠們救出來。有些人曾質疑她為何不報警將施虐者繩之於法，但在「討回公道」與「解決問題」之間，她選擇了後者。「報警沒有意義，就算那隻狗驗出受到很大傷害，牠也要在漁護署住半年以上，直到官司完結。報警或者可以令虐畜者受到懲罰，但同樣令動物受苦，那麼意義何在呢？」

政府這個巨人

香港的動物保護法例仍然十分落後，對於流浪或被遺棄動物的拯救，民間似乎做得比政府還多。做了九年拯救工作，翠兒已不再幻想政府能撥資源用於動物福利上，但偏偏有很多事情要有政府的參與才能成事。「好像是虐貓，我曾經報警，甚至提供了疑兇的住址和相片。但警察說除非看著貓被殺，否則就沒有證據能指證。但我又怎會看著貓被殺呢？但當你喝住他、制止了慘案發生就變成沒有證據了！」

在香港，棄養動物是沒有成本亦沒有刑罰的，只須到漁護署填妥一份「要求放棄動物申請表」就成事，沒有任何收費，翠兒覺得很荒謬。「為甚麼不能提高罰則呢？如果棄養罰款五萬，至少讓人購買動物前思考一下、自己是否能夠承擔一生一世而不棄養？」

「我常常都說香港動物問題的源頭是政策的問題，包括了對虐畜的輕視、棄養不須負責等，義工再怎樣做都沒有用。」而香港動物的醫療一向由私營市場主導，「獸醫貴過人醫」這個情況令人很無奈。「很多公公婆婆因為沒錢醫而帶寵物安樂死，因為他們負擔不起萬多兩萬的醫療費，而打支針送牠們走只須幾百元，這是很令人悲哀的。為甚麼政府不能開一間公立診所？不需要請名醫，就算讓一班未有足夠經驗的獸醫實習，也可以雙贏了。」

翠兒偶爾會接收到一些很親人的貓，性格不像從小就流浪街頭，而是走失的家貓。「香港的貓沒有晶

片制度，與狗不同，但現在養貓的人愈來愈多。貓走失了真的很難找回來。如果貓走失了，運氣好的能遇到我們這些義工，運氣差的就被人帶去漁護署，死定的。」

根據漁護署現行指引，所有貓、狗於動物管理中心逗留四天後而仍未有人認領的話，就會被人道毀滅。四天，對於走失了等待回家的毛孩來說太短，然而，對於某些注定沒有家的毛孩也許是太長。幾年前，翠兒從其他義工口中得知有人在垃圾站發現幾隻初生的小狗，通知了漁護署接走，她便致電到動物管理中心表示希望領養。

「他們說程序上要等四天，看看能否找到真正的主人，如果沒人認領才讓人領養。」她苦笑自己當年入世未深，未能理解當中的問題，直到有朋友叫她向動物中心職員表示想帶點奶粉進去餵。「我心想不會那麼殘忍吧，誰料到動物中心真的沒有奶粉？那我提供吧，他們卻說沒有人手餵奶。」那初生的小貓、小狗吃甚麼呢？

答案是成貓、成犬吃的乾糧，即使是小至未開眼的小毛孩也是一樣的。「他說『程序上我們只負責放下乾糧』。幼貓幼犬哪有可能吃得了？只能活生生餓死。」面對這種情況，翠兒既無奈又憤怒。「虐畜的定義是要動物承受不必要的痛苦。如果結果牠們還是難逃一死，何必要牠們餓那麼多日才死？官方答案是程序上他們不能第一天就將動物人道毀滅的。甚麼都講程序，他們只是執法者，一切跟程序做事就沒有錯，如果覺得程序有問題就跟政府說。」跟前線交手了這麼多年，翠兒悟出了一個道理。「歸根究底就是要改變這個程序，才能改變整個情況。」

所以，近年翠兒除了前線的救援外，還開始參與推動政策改變的工作。可是，動物權益在香港講了很多年，仍是停滯不前。「不要期望政府會一步到位，這是沒可能的，開十年會也不會有任何改變，所以我一步步來，現在只希望漁護署在成犬、成貓的處理程序裏加上一個幼犬、幼貓的處理。這個小改變的過程可能也會很漫長，但不爭取就永遠都做不到。」

為動物走更遠的路

九年過去了，翠兒為無數的貓狗尋找到一個重生的機會，而她自己也經歷了一種與過往不同的人生。「拯救動物很困身，正常社交都沒有了。有朋友叫我節制一點，現在我雖然甚麼都沒有，但同樣我也沒有甚麼負擔，父母已經走了、我也沒有結婚，我留下的錢能用來做甚麼呢？我每天吃出前一丁、一個月除了交租也用不到二千元、又沒有旅行癮，不需要這麼多錢。」

對於物質生活，翠兒看得開，不介意今天的生活質素下降。「以前生活很有要求，每年都換車、換電腦，護膚品買一次就幾千元。以前的我不會買特價貨、媽媽想要的勞力士我也可以立即買給她，跟現在有很大對比，但我不介意沒有錢。即使你很有錢但沒法做到想做的事，那有甚麼意義呢？如果我要住豪宅就不會選擇這條路，我只想在有生之年可以改變到一個或一百個生命，那意義還要大。」

翠兒剛開始拯救工作時，抱著「能救一隻是一隻」的心態，以自己的力量，盡力去救。在這九年的救援生涯中，她發現貓狗總是救不完，她想救得更多，於是在二〇一八年初成立了慈善團體「生命續弦」。

翠兒曾經帶著狗到老人院探訪，發現有些老人平時沒有子女相伴，當看到有動物時就很開心，令她聯想到沒有家的老貓。近幾年她心中一直有個想法，希望將被人忽略的老貓與長者連繫一起，令兩者的晚年都能活得精彩。「我的爸爸生前也是無所事事，常常到公園看別人下棋。我想做得更多，但如果以寵物店的身份會很難推行，別人會覺得我是否想趁機會賣廣告。」

在成功註冊成慈善團體後，翠兒第一件想做的事是一個叫「無依毛靠」的計劃。她打算聯繫幾個在公共屋邨服務的社福機構，找出希望養貓的長者，為他們配對一隻年長、沒有人領養的貓。翠兒會為他們免費提供窗網安裝、糧食及醫療服務，亦會安排義工定期致電長者跟進，希望讓老貓不用在籠中渡過餘生，同時令老人家的晚年生活快樂。

她希望計劃最終能協助其他貓義工解決老貓沒有人領養的問題，只是寵物醫療支出龐大，翠兒一直擔心自己沒有能力負擔，所以她目標在二〇一八年內先於一、兩個屋邨內為五十位長者提供配對服務，希望在計劃順利運作後，能得到社會人士捐款支持，從而將服務擴展給更多的長者。

註冊為慈善團體後，一切賬目都要公開。慈善團體以後能收取捐款以支持運作，而寵物店的盈利終於有望歸回翠兒，但她仍選擇繼續把寵

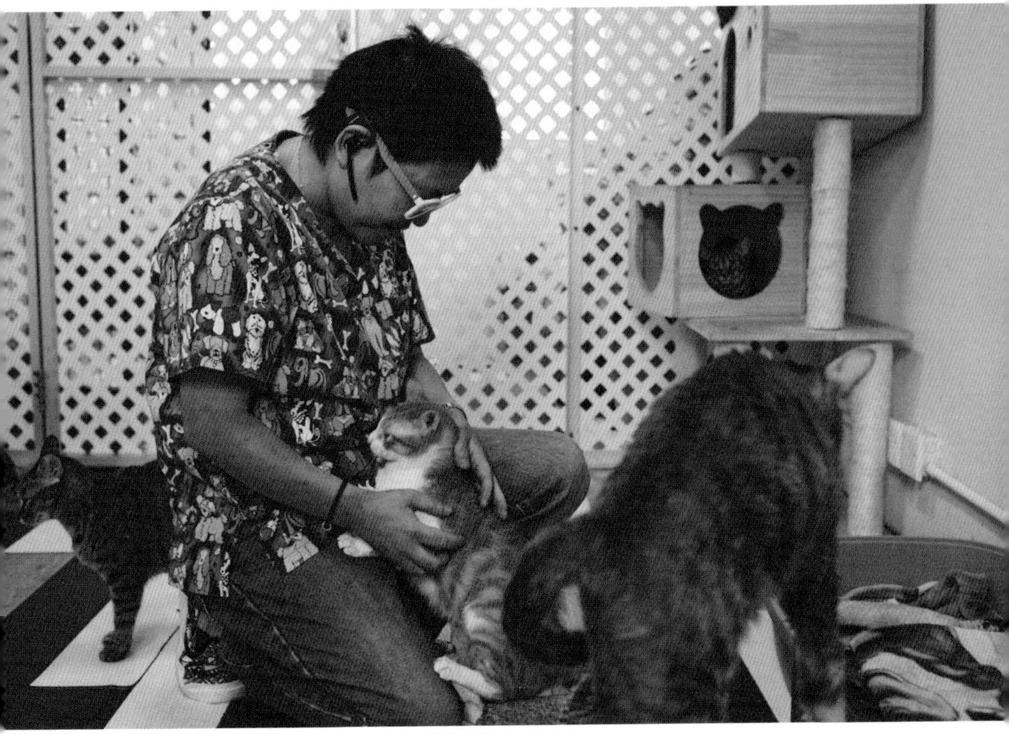

物店的盈利都投入在拯救工作上。「如果有一天我死了，寵物店的生意便會結束，但我希望這個慈善機構可以繼續營運下去。」

這些年她已因拯救動物而花盡積蓄，但她仍樂觀得很。「有些事是相輔相成的，因為我安排領養，有些人會覺得既然都要買，就不如幫襯我們、支持一些動物救援的寵物店，所以對我們的生意是有正面增長。生意好，我自然能再多救一些。最希望店裏的收入能夠支持拯救工作的開支，那已經很滿足。最希望不須再憂慮每個月的醫療費和租金，就算將賺到的錢都花在拯救工作上我也沒有問題的。我不用變得富有，只是不想負債。」

翠兒已屆中年，這年紀的人大多已經著手規劃退休生活，但她卻懶理。「當你將自己的生活質素降低，到時候能將自己交給政府照顧的時候，就無需要擔心了。」店舖加上拯救的工作，一再消耗她的體力和精神，近年她也開始感受到她的身體狀況不如以往。「我這樣做下去，也應該不會長命吧。」她笑説。

説到自己不會長命，她想到的仍是動物。「我不需要留任何錢給任何人，最重要是我照顧的動物一定要比我早死。我都快五十歲，不能保證我還會有十多年命，所以我不會再養幼貓。現在會收養的都是一些過十歲的貓，因為我相信我還會有幾年命，可以照顧牠們至終老。」

人生路已走過了一半有多，富裕的日子享受過、節衣縮食的日子也體驗過，翠兒覺得當下的她雖然辛苦，但卻做著她最喜歡做的事。「到最後錢對我來說不是最重要的，我寧願窮但有動物在身邊。」

是貓帶著我走下去

07

大澳流浪貓之家
張敏芳

近年愈來愈多養貓、愛貓的人，假日會到貓咖啡店玩貓，到外地旅行也會特地到訪貓村、貓島。以漁村風光聞名的大澳，也因為住了很多貓，吸引了不少人於假日到訪。有人說大澳是香港的貓島，但這裏的貓卻是表面風光，實際上牠們的生活常受到流浪狗、傳染病等的威脅。

未絕育的貓，會利用排泄物來「爭地盤」，而牠們發情時的叫聲，在深宵時分也頗擾人清夢的，地方空

曠的大澳情況就更嚴重。一次發情過後，又會有一批批的小貓誕生，於是有愈來愈多的貓在街上覓食。沒有人餵的貓，會在垃圾桶找東西吃，造成環境衞生的問題；牠們亦可能會到海味舖、魚檔偷吃，令檔主們出手驅趕。也許就是牠們這樣的生活習慣，大澳人一直以來對街貓都沒有甚麼好感。

張敏芳（German）於二〇一二年成立了大澳流浪貓之家，為流浪貓進行絕育、餵食、提供醫療及推廣保護流浪貓意識等的工作。她亦在大澳開了一間名為「貓澳」的咖啡店，店裏收留了十隻原是流落街頭或是流浪貓所生的小貓。她於數年前辭去全職工作後，便將所有時間都放在這些貓的保護及咖啡店的工作上。不單是流浪貓，有時連由居民所養的貓的醫療亦由 German 負責。「鄉村養貓，只當牠是捉老鼠的工具，一旦生病貓貓就要自求多福了。」

German 是土生土長的「大澳人」，很熟悉街坊的脾性，非常清楚要在這漁村談動物保護，是一件很困難的事。「以前大澳有幾百隻貓，他們覺得太多了、貓很討厭。這幾年我不斷替貓絕育、初生的小貓送給人領養，現在少了很多貓，大概有一百五十隻，他們又覺得太少。」由於大澳近年旅遊業興起，遊客多了，也多了街坊經營小食店，連帶老鼠的數量也增加了，居民突然覺得貓很重要。「現在的貓在大澳很受歡迎，居民會批評我把牠們捉去絕育，少了很多貓捉老鼠。」

老一輩的人認為絕育後的貓就不懂捉老鼠，German 除了保護貓外，還要擔起教育街坊的責任，有時還會替街坊們「執手尾」。「他們覺得貓絕育了，行動就會變慢、變鈍，甚至有人會拿自己家裏未絕育的貓放到街上測試牠們捉老鼠的能力。」大澳不但貓多，流浪狗也多，貓被狗咬死的事時有發生。「最近已經有六隻貓死在犬口下，我才剛剛救了一隻，但會有貓的主人說『我預計你會拿去人道毀滅。』如果隻貓生瘤、病得很嚴重，街坊通常都會任由牠自生自滅，我知道的話就會自己出錢醫，還要低聲下氣求他放手讓我帶貓去看醫生，心中當然不斷咒罵啦。」

她每日都風雨不改地餵貓，每發現仍未絕育的貓，她就會拿著籠去誘捕，有時遇上惡貓會把她抓傷，亦會遇到惡人對她訓話。「一個大雨的晚上捉貓，有個男人叫我停手，為甚麼要把貓都捉走？我和他理論：『這些貓屬於你的嗎？為甚麼我不可以捉？如果你覺得貓可以幫你捉老鼠，那為甚麼你不餵牠們？』結果他反駁不了我就走了。」

有時有理說不清，幸好亦有明事理的人，聽 German 解釋。「有次餵貓，有三個男人跟我說，絕育是違反自然定律，不贊成我把貓帶去絕育，我用了半小時來解釋。然後還問他們可否幫忙餵貓，他們竟答應了，著我把貓糧交給他們。後來他們看到我辛苦去找經費，索性自

己出錢買貓糧。」German很重視大澳貓的絕育，坦言再辛苦的也要做。因為她很清楚街貓過多的話，只會對貓不利。「以前的居民會將整窩初生貓丟到海裏，或扔到垃圾桶讓流浪狗咬死，毒貓毒狗在這個社區是一件平常事。」

轉變

在German之前，大澳多年來都沒有人主動為貓絕育，只有少數有心的街坊會餵飼街貓。而German跟

大部份的大澳人一樣，以前也不喜歡貓。「以前養狗，對貓一點愛心也沒有，明明聽到垃圾桶裏有幼貓在叫也不理會，覺得與我無關。」

她的家在大澳郵局附近，郵局局長是愛貓之人，每天餵飼住在郵局附近的貓，貓生病了，他會請假帶貓看醫生，街坊們都叫他做「貓癡」。直到六年前局長退休，離開大澳前拜託 German 幫忙餵貓。她起初抱著一試無妨的心態，以為餵貓的功夫不多就答應了。怎料愈餵得多、對大澳貓情況的了解也愈多，她也愈做愈多，最後全身投入照顧大澳的貓，也成為了別人眼中的「貓癡」。「很快便喜歡上貓，光到街上餵牠們就已經覺得很開心，也想多幫助牠們，但自己又沒有太多錢，便想到要先成立一個組織、有社團註冊，週末可以在家門口擺檔賣蝦醬燒魷魚、冰菠蘿，或用別人拍的相做名信片義賣，賺來的錢用作救貓。」

後來有醫生跟她說大澳的貓需要絕育，但絕育的費用不便宜，公貓要三百元，母貓就要四百元，運送貓去絕育的交通費一次也要一千六百元。幸好那時有一位愛貓之人一直很關心大澳的貓，定期捐貓糧給大澳的勝覺苑（大澳一所有收留貓的寺院）。她從網上得知German打算為大澳貓絕育，便一口氣捐了五萬元。「有了資金就馬上做，找朋友下班後一起做，每次都捉十幾隻，很快就捉了七十隻，但很勞累。」

「那時甚麼都不知道，以為只要捉幾次就可以了，怎知道原來要長時間維持才有用，否則相隔一段時間後還未絕育的貓還是會不斷繁殖。」後來有其他人也拿到了資助，為大澳貓做絕育工作，同樣來找German幫忙，她起初覺得有人出錢是好事，自己便出力幫忙。那時候她仍未明白，有人願意為貓耗盡了金錢、時間，但亦有人會藉救援工作混水摸魚，漸漸她發現事情有些不對勁，選擇退出。不過對方仍繼續捉貓，大部份的居民都以為German和他們是一黨的。「他們愈捉愈過份，有家的貓也捉、懷孕了快要生的貓也捉，結果有街坊就來罵我殘忍，連懷孕貓也捉，覺得我收了很多利益，我真是百口莫辯。」

那時的German婚姻與事業都處於低潮期，令她患上躁鬱症，加上救貓所經歷的不順利，令她的壓力百上加斤。「那時大澳的貓爆發腹膜炎，醫生叫我找出源頭，因為這種病具有傳染性，但我甚麼都做不到，覺得自己無法幫助牠們。在街上因為壓力太大而狂哭，抱頭大叫。」

最後German結束了婚姻，不少人說她是因為貓而導致婚姻破裂，但事實卻是貓幫她從婚姻的困局裏走出來。「婚姻早就出現問題，我一直想要離婚但對方不同意，他不想我去幫貓，但其實我最初幫貓也是想趁機逃避他。」在此之前，German一直過著安穩的日子，有丈夫、有樓、有一份薪金不錯的工

作，可惜她並不快樂。她在大澳做了十七年社區工作，街坊都叫她做「張姑娘」，「幫他們申請這樣、申請那樣，為民請命般，很高地位的。」但近年機構的工作方向改為籌備活動為主，令她覺得很無癮。

「工作不忙，但我覺得上班等下班的日子更辛苦，覺得自己沒有價值。」刻板生活令她窒息，直到遇上貓令她找回人生目標，但人人都覺得她著了魔。「他們不明白我發生甚麼事，只覺得我開始餵貓之後好像發了瘋，最慘的是街坊都知道我有躁鬱症，在街上會聽到有人說『不要走近她，小心她會殺了你』。連我舅父也覺得我撞邪了，放了個十字架在我床邊。」

當所有事情都令 German 透不過氣的時候，她決定放手，結束了自己的婚姻、工作，放了一個長假到斯里蘭卡旅行，沉澱後決定要全身投入保護貓的工作。「在斯里蘭卡，貓、狗和人是可以共處的，貓狗不需要絕育，因為牠們可以在大自然中覓食。反觀香港，牠們沒有生存空間，其實是人剝削了動物的資源。」她希望，可以在大澳建構一個人貓能夠共同生活的社區。

「以前的我很高傲，旅程中有反思，可能上天要我遇到挫敗，讓我學懂謙卑。以前會覺得我救貓是給了牠們好的生活，甚至會跟牠們說『全憑我救了你，否則你已經死了。』心態上是覺得牠們需要我，比我需要牠們多，但現在不會這樣想了，是我不能夠沒有了貓。我的躁鬱症現在已經不用吃藥，醫生說我的狀態比他還要好，他說最重要是我要繼續做貓的工作。」

時間能證明一切

一個平常早上，German 在大澳大街上餵貓，沒甚麼遊人，貓兒們一看到 German 的出現，就知道有飯開了，紛紛走出來圍著她。旁邊坐著幾個街坊，看到貓在賣萌等著吃飯的樣子，沒有像遊客般興奮地逗貓玩耍，亦沒有嫌棄貓的打擾。這樣和諧的環境，就是 German 努力了幾年的成果。「以前大家都覺得這裏的貓是多餘的，但他們看到我每天都開心地餵貓，身後經常有貓跟著我，這種快樂是能夠感染到其他人的。有些街坊會問我『為甚麼貓會跟著你走？貓哦，無性的啊。』原本不喜歡貓的人都漸漸接受、喜歡牠們。」

她明白一己之力有限，於是她不斷想辦法令其他大澳的街坊也能一起保護住在這裏的貓。區內有不少老人家也有餵貓的習慣，有的很愛貓，會餵食昂貴的三文魚；有的則只餵冷飯菜汁，German 為他們免費提供貓糧，希望較好質素的糧食能令貓更健康，減少生病。

經過幾年「捕捉、絕育、放回」的努力，大澳只剩下少數未曾絕育的貓。牠們不是警覺性很高不易被捕捉，就是出沒在人們難以進入的地方，單靠German一個人並不可能把牠們全都找出來，她便來一招「廣布線眼」，「叫區內餵貓的老人家幫忙，我在他們餵食的地方放籠，他們照正常餵食，有貓入籠便通知我，比我去捉有效率得多。我在這裏做了十七年社區工作，直到現在還在幫他們填表、申請不同服務，過節時我亦會買禮物送給他們，所以他們都很聽我的、願意幫我忙。除了幫我餵貓，他們見到有幼貓、受傷的貓也會立即告訴我。」

五年過去了，原本在背後對她指指點點的人，亦開始對她改觀。「之前在電台有個訪問，很多大澳人都會聽，有個原本不喜歡貓的大叔也會走來和我說『我認得你把聲』，他不會說太多，卻會特意買一些貓的用品給我。以前他們可能對我幫貓的感覺很負面，覺得我好像在利用貓騙飯吃，但時間證明一切，他們開始覺得我真的是為貓做事。」

人與人之間的相處，是會互相影響的。German改變的除了是街坊對她的看法，還有人們對貓的態度。大澳有不少街坊雖不算是討厭貓，但總是對牠們視而不見，自然不會關心。但在German這五年的努力下，有不少人開始注意到牠們。「可能見我連工都辭了，每天都這麼空閒地去餵貓，大家就開始好奇我在做甚麼。如果我愁眉苦臉的，當然沒有人想加入；但我每次餵貓都很開心，貓親我、也有市區的人來跟我一起餵貓。這種快樂是能夠感染人，看到我這麼開心街坊們都會想參與其中。」另有一種人，不是不愛貓，但只局限家中的那隻寶貝。German希望能感染這些人把愛分給街上的貓。

社區貓

沒有家的貓，有人會叫牠們做流浪貓、街貓，但German喜歡叫牠

大澳的流浪貓多由 German 及她的義工朋友一齊照顧，雖然無法把貓都收進家裏，但至少讓牠們有餐溫飽及避風雨之所。

們做「社區貓」，因為她覺得大澳這社區不只屬於人類，還屬於這些貓。不少人覺得，幫助流浪貓最好的方法，就是替牠們找個永久的家、找一個愛錫牠們的主人。不過German覺得這樣不是唯一的方法。「大澳還未有人之前，貓已在這裏生活，為甚麼牠們不能在街上生活呢？」她認為大澳的環境跟市區不同，不須將所有貓都收進家中。不過，不是所有人都贊同這個做法，有人批評她不把所有貓都接進家，令牠們被流浪狗咬死。

「如果我把大澳的貓都帶進家，還有甚麼人會租房子給我？我追求的，是人和貓在這個社區裏共存。」但這個目標，可能比為所有貓尋找一個家更難達到。「我能夠令不少大澳人接受、甚至是喜歡貓，但不代表他們會為貓付出。餵餵貓、逗逗貓玩沒問題，但如果要他們花錢帶貓去看醫生，或再做多一點點，他們就會像從前一樣，『不要搞那麼多事』、『畜生而已』。」所以German一直堅持，要為大澳所有的社區貓絕育，為的是避免有人把小貓丟進海、丟去垃圾桶等的情況再發生。

German同樣需要經常面對貓會資金不足的問題，不過，她從來都沒有擔心過。「大澳人常覺得天無絕人之路，甚麼事都覺得做得來，有時有點亂來。我的心態是不夠錢就籌錢，籌不夠就自己出。」她在大澳有一間咖啡室，但只在假日時人流才比較多，所以收入只夠咖啡室的開支以及讓German支付給母親的家用。而她自己的生活費及對貓會的補貼則靠她的積蓄。

貓的醫療費是一項很大的開支，小貓、街貓生病、受傷的機會比家貓高，German又常替不願帶貓看醫生的街坊支付醫療費，她的醫療支出自然不少。「經常是一個月幾千元的醫藥費，突然有一個月診所已經為我打了七折還要七萬元，覺得是天文數字，不過救貓就管不了這麼多，大不了自己付。」

一談起錢，German都很豪氣，「不夠就自己付」這句說話經常在她口中出現。不過，要長期擔起所有大澳貓的健康責任，她總不能每個月都十萬八萬地交出來。她對貓的醫療知識不多，一向都把貓送給保護遺棄動物協會（SAA）的診所醫治。協會的醫生觀察到大澳有不少愛滋貓、腹膜炎的情況頗嚴重，便利用自己的休假到大澳替流浪貓打預防針，希望減少貓生病的機會。由當初自己孤身一人到現在擁有不少支持，German一直以行動證明「只要一直堅持就會有人幫你」。

強大支援

不少人聽了German的故事，都覺得她很偉大，為了貓，放棄了工作、賣了樓、付出生活中大部份時間。但她從不覺得自己偉大、為了貓犧牲。「不是貓需要我，而是我需要牠們。以前我有很多朋友，因為覺得我很寂寞，常常約出來吃吃喝喝，但第二天睡醒後我還是覺得很空虛；每個月賺幾萬元也不覺得開心，錢都用來買衣服、買化妝品、去旅行。現在我錢少了、買的東西少了，但我不覺得這是犧牲，而是人生改寫了。以前我甚麼都有，但我不快樂，上班等下班的日子令我很壓抑。現在將錢和時間都放在貓身上，我覺得很有意義，牠們讓我學懂獨處而不感到寂寞。」

五年過去了，愈來愈多人支持German的工作。她的舅父曾叫她不要幫流浪貓，怕別人閒言閒語指她用流浪貓賺錢。現在他卻每天都幫忙餵流浪貓、甚至花心思煎魚去骨讓貓吃好一點。「他被我感染了，而且他餵貓時也感覺到別人的不友善，明白我的壓力所在，所以覺得如果連家人都不支持我，我就會更慘、支持不住了。」而她的母親，早在所有人都不看好她的時候，已站出來支持她去做想做的事。有時她做得氣餒的時候，她的母親總會當起鞭策的角色要她振作，「她會說：『你不可以後悔，這是一條不歸路，如果你死了那些貓也活不了，所以你不能死。』」

「至今還會常覺得很累，但累得很有滿足感，就算每天七點多要起身餵貓也覺得很有動力，跟以前上班有很大對比。」貓讓她心靈得到寄託，她希望將來可以為大澳貓做得更多，「希望自己能夠維持這團火，太平淡我這團火可能會被撲滅，所以我會不斷地想我還可以做甚麼。」在未來，她希望令全大澳的人都享用低廉的動物醫療服務。「希望能成立一個醫療中心，有基本的醫療設備，每個月有一、兩次醫生駐診，只向街坊收取藥費，希望改變街坊長久不帶貓去看醫生的壞習慣，並由醫生叫他們帶貓去絕育，總比我叫有效吧！」

08

保護遺棄動物協會
陳淑娟

不殺不棄
是一生的承諾

今天科技發達，如想領養貓、找義工拯救貓、甚至是遺棄貓都可以透過社交網站作出呼籲，尋找有心人幫忙。但在以前，如要找人幫忙，又可以去哪裏呢？保護遺棄動物協會（SAA）的創辦人陳淑娟（EI），就是因為發現香港缺少保護動物的機構，於是成立了SAA，經過二十一個寒暑，現在成為香港規模較大的保護動物的慈善機構之一。

機構能夠有多大的發展，不是EI

追求的目標。不過，發展得愈大，能拯救的動物就愈多。EI由最初單人照顧十多隻動物，到發展為一個能收容約三百隻貓狗的機構，不斷為被遺棄的貓狗尋找一個幸福的家；成立獸醫診所，減低會裏醫療費用；免費為流浪動物絕育，希望長遠能減低流浪動物的數量。電影《蜘蛛俠》中有一句說話：「能力愈大，責任愈大。」這二十一年來，她的身邊出現過不少人，成就她擁有更大的能力去做拯救工作，所以她自覺現在的她有更大的責任，去幫助動物，以及同路中人。

與EI相約在星期六的下午於SAA的貓房進行訪問。他們一共有三間貓房，訪問期間，不斷有人前來參觀——有家長帶同小朋友前來玩

貓；有年輕人帶了貓玩具來逗貓、拍照；亦有人是參加了 SAA 的助養計劃，定期來探望他們的毛孩；又有人好像是初次跟貓接觸，有點戰戰兢兢，面對主動親人的貓仍不懂反應……參觀者的反應各有不同，唯一共同之處是他們當中並沒有人是前來領養貓的。縱使如此，EI 仍然喜歡人前來探貓。

SAA 初成立的時候，安放貓的房間放滿了一個個貓籠，EI 一直覺得這個生活空間很不理想，但奈何當時資源所限，她只能為貓咪提供最基本的生活環境。直到後來捐款多了，她一點一點地去改善牠們的生活環境。現在牠們住的地方不但冷氣無限量供應、又有足夠的空間讓牠們跑跑跳跳，EI 還在房間裏裝了天窗，為的是希望貓有曬太陽的地方。「雖然這裏不是美輪美奐，但牠們應該擁有的東西，我們都提供了。有些貓很怕人，希望多些人跟牠們接觸，漸漸對人友善，增加被領養的機會。而有些人可能很怕貓，來這裏就可以跟親人的貓玩耍，讓他們改變對貓的看法，說不定有一日他也會來領養貓。」

除了是自家的貓，SAA亦會支援其他貓義工的拯救工作。曾有其他團體負責人跟我說，SAA長期為他們提供免費醫療和食糧，對他們來說是一個極大的幫助。而在El的眼中，她卻覺得這是一件正常不過的事。「我也是由一個很小的團體開始，最初也只是一個人做清潔、餵食，很清楚起步的困難，那時我們十個茶杯得三個蓋，左凵右凵不是易事。我知道有些機構的情況很慘，糧食、醫療都不足夠，而且很偏遠，有錢應該付車錢好、絕育好還是買糧好？知道這樣的情況，我沒有辦法不出手幫忙。」

棄獸會

二十一年來，El一直都記得幫過她的人。當年她是一個寵物美容師，喜歡貓、狗，不過跟當時大部份人一樣，所謂的喜歡，是指備受愛護的寵物，沒有想過在街受盡風吹雨打的流浪動物。「做寵物美容很開心，每天都有動物來給我做美容，為牠們裝扮好，然後隔個多月牠又來找你。不用自己養寵物，有人會帶來給我玩。」

不過好景不常，那時正值「九七」前，她有不少客人選擇移民，卻留下毛孩。「有客人跟我說，既然我有這麼多客，不如替他的松鼠狗找個好人家，不想把狗送到愛護動物協會或漁護署。」她心軟，便接收了，一隻又一隻，很快她就接收了十多隻狗，放滿她的店，迫著她要想一個有效的方法幫助這班被遺棄的毛孩。「我打去愛護動物協會，他們說，『如果你能幫就幫下忙吧。我們每天接百多個電話全是棄

保護遺棄動物協會成立至今二十一年，發展頗有規模，成為一班流浪動物的避難所，承諾不殺不棄。

養的，我們搞不掂了，你也知道動物來到這裏會怎樣吧，現在連初生的也要 put down。』」

「於是我問除了他們外，我還可以到哪裏尋找幫忙呢？他卻說香港的非牟利動物團體就只有愛護動物協會。」收下的每一隻毛孩，都是 EI 親手照顧過，要她把牠們送去人道毀滅，她做不到。既然求死做不到，她便向求生的方向想辦法。

「打算去新界租間村屋養牠們，找個人照顧牠們，然後有人介紹這裏有個棄置的養豬場，租金很便宜。」於是她就租了元朗白沙村這個地方，直到現在仍是 SAA 的會址。

當時 EI 的寵物美容生意做得不錯，不用宣傳、靠雙手去做已經有足夠的客源，更有不少名人都是她的顧客。時任港督彭定康的兩隻愛犬「梳打」、「威士忌」也是由她打理。不少客人知道她開始了這個一聽就知是燒錢的義務工作後，不禁表示擔心，其中一個是梅艷芳。

「她知道我租了地方，說我這樣很難做下去的，問我有甚麼打算？我說我不是慈善團體，很難叫人幫忙。她說不如幫你宣傳一下，就叫了梁家輝和一班記者來。

「她跟記者說『這裏有個會，是幫助動物的。你們幫忙宣傳一下啦，我會大力支持的。』」明星的號召力果然有效，不少人得知這個會的存在，便把寵物都棄置於門口，唯獨捐款欠奉。EI 現在想起這件事，依然是哭笑不得。「那時未有 SAA 這個名，記者便稱我們做『棄獸會』，我心想這個名未免太難聽了吧？」

那篇報道刊登後，EI 收到一位男士的來電，「他說『你們有需要幫助就打給我，搞得掂就不用找我了。』他沒有說要捐款，我心想這是否只是個惡作劇。」直到幾個月後，因為一個原本承諾會長期捐款的支持者失蹤了，EI 陷入了連交租都成問題的難關。她只好硬著頭皮打給這位神秘先生。

「去到見到一個大肥佬，也不知是甚麼人，當下沒有其他方法，只好直說現在我連交租、買糧都有困難。他問我，決定投身拯救工作前不是應該計劃好嗎？我坦白說我沒有計劃太多，以為會搞得掂。即刻被他訓話：『你以為？現在明顯你是搞不掂，那你以後有甚麼打算？我幫得了你一次，幫不了這麼多次。』」愈聽愈灰心，El心想捐款一事應該泡湯了，打算借機離開之際，對方卻給了她一張數萬元的支票。「這幾萬元真的很重要，足夠我買很多狗糧，牠們不用再捱麵包皮了。」

後來El才知道，這位自稱伍先生的善長，原來是美心家族的後人、曾擔任美心集團重要業務的伍威權。伍威權為人低調，但參與了多項慈善福利。對El而言，伍先生不但是一位善長，還是一位教懂她管理營運的老師。

她很記得，二〇〇二年，SAA的一位支持者成功找到著名小提琴家西崎崇子舉行一場慈善表演，收益將撥捐SAA作營運經費，El如獲至寶。「起初以為很多人喜歡西崎崇子，覺得演奏會一定大受歡迎，怎料到表演前一個月，只賣出了百分之十幾的門票，心想這次一定虧損收場，因為場地、籌備費用都是我們負責的。伍生知道情況後，問我有沒有做到marketing plan？」

她當然沒有，甚至不知道甚麼是marketing plan。「他說有個大人物幫我們做表演，我們無宣傳嗎？我哪有錢賣廣告？場租也只是剛剛夠支付。」伍威權二話不說，立即開了一張十萬元支票給她。「他說『這十萬元是給你做一個預算，我想在《蘋果日報》、《明報》、《東方日報》等報章都有廣告，你去查詢需要多少錢，如果賣完廣告、門票賣得好而你有錢賺，你才把錢還給我，如果還是虧損的話這十萬元就當我送給你。』」她跟著做，最後真的賣到滿堂紅，為SAA賺得幾十萬元的經費。

伍威權於二〇〇九年去世，九年過去，El至今仍很感激他的幫忙，那是一個遠於金錢能衡量的幫忙，「他永遠都是SAA的恩人。」SAA於元朗的獸醫診所，就是以伍威權命名。

發展以做更多的事

成立獸醫診所，除了因為醫療費太貴，還為了組織的長遠發展。「診所賺到的錢可用來支持會裏動物的生活費。」以二〇一六年為例，獸醫診所就為 SAA 帶來約八十萬的經費。「近幾年財務報表才有點盈餘，以前是挖到空，每個月都擔心下個月會不夠錢出糧。」

現在條件好了，她有能力幫助其他義工。「有些義工想救的動物，我

們會去幫忙。如果義工真的有需要，我們一元都不會收。動物受傷要做手術，在其他診所可能很貴，在這裏我們可以資助費用，但前提是義工會負責手術後的治療。」

救一隻貓不難，但求助個案天天都有，資源卻有限。有時候，面對一些無能為力的情況，就要學懂放手。「我們希望救活不救死，如果動物已經有很嚴重的腎衰竭，義工再放資源進去也是浪費，因為無論如何牠也無法回復健康的狀況，我們只能提供糧食或基本的醫療。」

多年的拯救工作，令EI明白，香港的流浪動物實在太多，她覺得要從根源做起。SAA於二〇一四年成功向政府爭取推行為期三年的「捕

捉、絕育、放回」（TNR）試驗計劃，可以在大棠的指定試驗區捕捉流浪狗以進行絕育手術，然後放回原來的所在地，希望長遠控制流浪狗數目。試驗計劃並沒有政府資助，絕育、替狗隻注射預防針及瘋狗症的費用全由 SAA 負責。

其實坊間已有不少獨立義工及組織自費為流浪狗絕育，但 EI 仍然希望能推動政府推行 TNR 計劃。三年的試驗計劃於二〇一八年一月結束，政府於五月就該計劃向立法會提交報告，列出三個成效指標，分別是於首六個月內為試驗區內最少八成的流浪狗絕育；試驗區內流浪狗的數目每年減少百分之十；以及試驗期間所接獲的投訴脗合或少於全港平均數。其中 SAA 未能以每年百分之十的速度減少試驗區的流浪狗數量。「因為牠們得到太好的照顧了。」她笑說，由於 SAA 會為狗隻注射預防針；加上狗隻於絕育後較少打架；狗隻生病時又獲得合適照顧，所以流浪狗的壽命比預計的長，以致未能達標。「但我很開心牠們能夠長命一點。試驗地區裏有九成多的狗都成功絕育，在我的角度這個計劃是成功的。」試驗計劃結束後，SAA 仍會負責區內的絕育工作，亦會繼續爭取在流浪狗問題嚴重的地區推行 TNR。

EI 還有一個很長遠的目標，就是希望辦一所公立動物醫院。「不奢望政府會做，她連火化都不會做。」我不禁說了句「很大型，你覺得在……」「在我的有生之年？哈哈，我明白呀。我有計算過，我開辦了診所，所以心中也有個想法。我相信將來就算我人不在，我的繼承人也會跟著做的。」

過去幾年，SAA 努力透過互聯網、社交媒體宣傳自己的工作，令公眾對 SAA 有更多的認識。「如果五年前問人認不認識 SAA，我相信認識的人不多，亦不知道我們做甚麼。」我對 SAA 的最初印象，是她的名人宣傳橫額，他們大多都是 EI 的「友情牌」。「萱萱、陳淑蘭、方中信都是我以前做寵物美容的客人，由客人變成朋友。」

「最初我們的宣傳很討人厭，宣傳我們是不殺的。」當年保護動物的慈善機構就只有 SAA 和愛護動物協會，這樣的宣傳不難讓人覺得她是暗諷對方會把動物人道毀滅，她當時亦遭受批評。「大家的做法不同，我們怎樣做就照直說，我們一開始就是個庇護中心，所走的方向與愛協不一樣。」

基於SAA不殺的理念，一隻動物可能會在中心生活超過十數年，於是EI成立動物助養計劃，助養人每月捐款九十九元，就可助養中心裏其中一隻動物，定期收到其所助養的動物近況及照片。EI覺得這是一個對動物、公眾及SAA三贏的計劃。「香港有很多人不能夠養動物，但他們又很想擁有一隻動物，如果他助養了我們的動物便可來探望牠們了。而助養的捐款對我們來說是一個很穩定的收入，令我們強大，可以幫助更多有需要的動物。」

餘生的工作

在香港，要做動物義工實在不是易事，因為需要幫助的動物太多，得到的支援卻很少，同時亦承受著各方面的批評，壓力很大，所以有不少義工在數年後都會放棄。但EI經過這麼多年仍然對救援的工作充滿熱誠。「在這裏上班常常覺得很快就下班，時間過得很快，雖然已經做了二十一年，但我覺得好像是昨天才發生的事。」

她想不到有甚麼事曾令她灰心得想離開，縱使大部份的遺棄個案都令人不愉快，但這使她更有動力去幫這些動物尋找幸福。「我敢說，在所有求助個案中，有百分之九十八都是不負責任。我們聽過無數次求助電話是這星期要移民，如果我們不接收他的貓，他就只能帶去人道毀滅或放生。但他們要移民也不是這個星期才決定的事，為甚麼不能早點安排寵物的去向？通常的答案都會是：因為我不捨得，所以留在最後一個星期才處理。」

「原來所謂的不捨得，都只是『我已經陪你到最後，現在我只能將你人道毀滅或交給某某機構，我已經盡了做主人的責任。』其實他們有很多選擇，可以先把動物放在朋友家寄養，給我們一點時間為牠尋找領養家庭，他們亦可以付錢安排寵物先住動物酒店，但他們卻甚麼都不願做，直接把責任交給我們。環境太密集會增加貓的壓力，我不能無止境地接貓進來。」

每一隻被SAA接收的動物，她都承諾會照顧至終老，即使是已被領養的貓狗。曾經有一次，有一對母子來到中心表示想領養貓，職員按正常程序叫他們考慮清楚然後辦理手續。可是一個月後，媽媽就把貓退回，EI問她不是想領養嗎？「她說她想教兒子領養動物，現在教完了，便把貓退回。我說『吓？你這樣就叫做教？』她還一副理所當

然。我也無話可說，叫她把貓放回來。我很後悔把貓交給一個不好的主人，所以我會二話不說立刻收回貓。」

不過，有些情況卻是例外，EI曾收過一個社會福利署的轉介個案，希望她接收兩隻貓。「有個婆婆的身體情況需要入住老人院，可能她不捨得兩隻貓，怎樣也不願入住老人院。我跟婆婆說我們會好好照顧兩隻貓直到牠們終老，或者替牠們找一個好的主人。婆婆在知道我們會負責後，便願意入住老人院了。」

EI總覺得，動物與人可以互相改變，令對方的生命更精彩，可惜的是，直到現在仍有不少人覺得動物是多餘的。「有些會批評說香港有這麼多民生問題但我們不去做，卻去理那些貓貓狗狗，覺得我們很無聊。我媽媽以前也覺得我在浪費時間，對我供書教學但我卻去做動物保姆，但幸好在她離開前也開始認同我做的事。」

做了二十一年，香港動物保護的情況仍然十分落後，所以她從未想過停下來。「我不會退休，希望做到死那天。以前跟同事提過，如果有一日我要坐輪椅怎麼辦？會不會不能上班呢？同事立即說『那就把你推進來囉』大家都知道我愈做愈開心，不捨得離開的。」

09

路難行 但還是要行

香港群貓會
陳靈怡

在香港，做好事並不容易。以貓義工為例，棄貓多、虐貓多、醫療費昂貴，而支援則少之又少。有人會說，做義工贏得的光環已抵得上所有付出。但在現實中，義工得到了甚麼光環？看看近年的網上群組，有關貓義工的貼文，不是求助個案，就是批評義工挑選領養者太嚴格，令領養者卻步。感謝義工幫忙的貼文，可說是寥寥可數，彷佛救貓就是貓義工的責任，做得好是應份，做得稍不理想就應當受到

批評，大家都好像忘記了，義工只是一群自願付出時間、金錢的好心人。

陳靈怡（Elaine）於二〇〇七年成立香港群貓會，十一年以來，經歷過無數批評，深切體會到從事貓的拯救工作是吃力不討好，即使你已分文不收。「經常被批評審批領養太嚴格，我們堅持領養小貓的話窗網網孔一定要少於一點五吋，大貓則要少於兩吋，而且每一個窗都要安裝。有些人會覺我們很麻煩，但因為我們看過太多意外發生，也曾所託非人，所以我們現在執行得很嚴格。有時有些申請人窗網裝得很好，但我們覺得仍有其他的不放心，也不會把貓交出去。」

虐貓

二〇一六年，當時群貓會會址所在地土瓜灣，有十多隻街貓接二連三地離奇死亡，懷疑是虐貓案。「有街坊說看到有貓屍體的肚子被劏開，也有部份貓頭被人踩扁了，所以我們覺得那應該是人為的。」事發之初，是街坊及掃街姐姐每隔一、兩星期就發現有貓不尋常死亡，然後有街坊自發性貼街招。不知是否因此挑起兇徒的情緒，突然間有更多的貓受害。「以前都是在後巷發現屍體的，貼完街招後，連大街大巷都有發現。曾經有兩位居民在發現屍體後報警，不過他們不忍心貓死得太慘，先把屍體包好才報警，結果就沒有了證據。」

因此，義工及街坊組成了巡邏隊，每晚巡視區裏的大街小巷，雖然明知找到兇手的機會渺茫，但他們不願撒手不顧。處理虐貓案的難度極高，難在搜證，要人贓並獲警方才會受理。「如果真的看到兇手下手，你可以怎麼做？如果制止了就沒有證據控告他，不制止他難道眼睜睜看著他虐貓？前幾天晚上有貓被扔下樓，街坊聽到聲音馬上告訴我們，我們立即報警。當我們到現場跟警察交代事情時，突然有人從大廈跑了出來逃走了，這會否就是疑兇呢？但警察說可能是小偷就敷衍了事，就算是小偷也應該捉來查問吧？」

不少虐貓的案件，都會被歸納為雜項調查。「那就代表不用再調查。當時愛護動物協會的督察也在場，警察問他覺得案件有沒有可疑，他說『循例要警方立了案，然後把案件交給警方刑事調查，他們才可以叫愛協調查、驗屍。』然後警察回頭就跟我說，『你聽到啦，愛協說案件沒有可疑啊。』他聽到了哪句話說沒可疑？」

警方態度不積極，但無奈巡邏隊人手有限，縱使他們根據街坊的通報，鎖定了嫌疑人物，但始終沒辦法人贓並獲，最後事件只能不

發生嚴重虐貓事件的時期，群貓會義工自製街招呼籲街坊幫忙留意，Elaine 組織義工隊每天凌晨落區巡邏。

了了之。「每個義工都要上班，不可能經常巡視到三更半夜。」事隔兩年，偶爾還會有貓離奇死亡，兇手卻仍然捉不到。「多年來發生無數宗虐貓案，絕大部份都捉不到兇手，只有一次成功控告，是因為他再犯案才能捉得到。」

Elaine 曾接到朋友的求助，指有人短時間內在不同的地方領養了多隻黑白色的貓，但在領養不久後這些貓都失去了蹤影。「問他所住那座大廈的清潔姐姐，說經常都收到貓屍；他的鄰居也說曾見過他把貓扔向牆，就知道這個人一定有虐貓。」在追查的過程中，Elaine 他們發現那個人又再次於網上討論區領養貓。「立即聯絡安排領養的人道出整件事，請他幫忙打電話給懷疑虐貓者說這隻貓的健康有些問題，讓他把貓交給我們帶去看醫生。」對方中計帶貓出現，Elaine 等人立即拍片質問他有否虐貓。

「言語間他承認虐貓，但警察說片段不能當作證供，所以無法控告他虐畜。虐貓那個人跟警察說他沒有殺貓，只是把牠們放到街上，所以只能控告他遺棄動物，輕判了事。這件事大家都很氣憤，有網友就人肉搜查了他在哪裏工作，把他的所做所為傳去他的公司，聽說後來他連工作也丟了。」

Elaine 所希望的，其實不是「私了」這些虐貓案件，奈何多年來虐貓者總能逍遙法外。群貓會成立初期，她曾接到一個來自上水彩園邨的求助個案，同樣是關於虐貓的。「那時花了很多時間，找到了所有在那裏餵貓的阿姨，叫她們一知道有貓被殺就立即通知我們。」那時虐貓情況初肆虐，警方的態度比現在積極得多。「會陪我們派傳單，更安排了一隊人員負責虐貓案，有事發生時我們可以立即致電給他們。」但一如其他個案，Elaine 一直都未能找到誰是兇手。只是他們一直懷疑的一個精神病漢，於二〇一二年斬死保安員被捕後，邨內就再沒有發生虐貓案。

在處理虐貓案的同時，Elaine 也發現上水的街貓大多沒有絕育。「趁此機會到過很多屋苑做簡介，要當他們從來沒有接觸貓，先講流浪貓對社區的幫助，沒有流浪貓肯定會

除了餵飼街貓，收留及醫治、照顧病貓，防止虐貓事件發生也是群貓會的主要工作。Elaine會與其他獨立義工溝通及與街坊傾談，望能找出施虐者。

多了很多蛇蟲鼠蟻。而且要告訴他們，貓是會到處走的，就算一時捉了這區所有貓，很快還是會有貓從其他地方過來。倒不如讓義工來餵貓，牠們便不會找垃圾吃，加上定期絕育就能控制貓數量。」

Elaine初時還會以遊行靜坐來表達訴求，但漸漸發現這種方法並不奏效。「很多事都是桌面下談出來的。其實在房屋署管轄下的屋邨餵貓是犯法的，開會時他們說因為餵貓的阿姨沒有處理好食物，導致環境骯髒、居民討厭貓。我們便建議倒不如由你們指定幾個位置給她們，我們亦會教她們不要再餵魚等濕糧，使用塑膠碗裝著乾糧會乾淨些。「開會時不要只是互相責難，要提出意見和選擇，他們會挑選一個最合自己意的方案，然後再調節。我們開了很多次會議，才能改善這些情況。」

每隻貓都有重生的機會

虐貓案中，被虐的貓有些能夠僥倖生存，只是虐貓者的手法愈來愈兇殘，只聽到小貓是如何被傷害已令人感到心寒。「最常見的是被黐上老鼠膠，獸醫有一種油可以去除。以前虐貓者會砍掉牠們的手腳，這樣的傷口比較容易處理，但現在傷害的手法愈來愈變態，未必能醫好。在公共屋邨中比較常見的是貓被當成活靶以汽槍射傷，受傷程度就看受傷的位置，如果射傷眼睛能康復的機會就很渺茫，因為眼睛後面就是腦袋。最難搞是滾油、滾水燙傷，要醫很久的，曾有一隻被燙傷的貓就醫了幾年，因為牠整個背脊都被滾油燙傷，要植皮。這類個案最花費的永遠是精神心思照顧，洗傷口用的錢有限。另外比較麻煩的是被人扯斷了尾巴或打碎了盤骨，這些位置會影響大小便，即使做了手術也有後遺症。」

她看過無數的受傷個案，幾乎有點麻木，看到被虐的小貓只想著幫助貓兒早日康復，然後重新生活，憤怒與傷心只是其次。不過有時候她亦會為人類的黑暗感到恐怖。「有一位街坊拍到一張相，以為是那隻貓的腸跌了出來，捉了牠去看獸醫，怎料獸醫說那不是腸而是牠的子宮和陰道。有時貓媽媽在生產時會把子宮也排了出來。可是我們檢查了牠的乳房及身體其他部位，牠是未曾生產過的，應該是有外來物件把牠的子宮扯出來了，真的很恐怖。結果醫生幫牠做手術把子宮拿掉，現在牠對人很有戒備心。」

這十年來她見過最殘忍的，是有隻貓被一條麻繩穿過了身體，然後在背部綁了個蝴蝶結。「應該是小時候被人用很粗的針刺穿過，一直綁住，然後牠一直長大，那條繩便磨蝕了身體。牠初來時很瘦，以為牠是被橡筋綁住了，到獸醫麻醉了才知道那是一條穿過身體的繩。那時我剛開始救貓，看到時非常氣憤，但報警也沒有用，因為時隔太久，所有證據都沒有了，也不會找到兇手的。」

人命是無價，那麼貓的性命又值多少呢？有狠心主人一分錢醫療費都不願付就把貓拋棄了，而經歷過無數貓生死的Elaine，至今仍然堅持不以金錢衡量一個生命。土瓜灣虐貓案中，有一隻貓被扔下樓後，僥倖生存，可是近乎全身骨碎。相熟的獸醫說若要醫治可能需要二十萬，而且復康的機會不大，但她堅持要醫，只是那隻貓只支撐了一星期就走了。「醫生已經不斷告誡我，叫我讓牠離開，但他也知道我的性格，最多也只能說我幾句。」經過十多年的救貓歲月，她很清楚現實的殘酷，但她亦相信奇跡。「以前救過一隻被扔下樓的貓，斷了三隻手也能醫好，所以相信今次也可以。」

「不曾因為錢而放棄救治一隻貓，如果籌不到錢，我們有這麼多義工，大可以一人捐出一點點。反而醫貓就好像修車一樣，車壞了你隨便找個師傅，他可能會把整個零件更換掉，省去自己的功夫、時間又可賺錢；但一個好的師傅會花心思時間去看清楚問題，然後維修壞掉的零件。醫貓也是一樣，貓的手傷了，一般獸醫會考慮截肢，又快又容易處理就可以收錢了。只有仁心仁術的醫生，才會花時間研究接駁斷骨或其他醫治方法，雖然醫生花多了時間去醫、義工花多了心思去照顧，但是貓貓保留了手。這才是我們眼中值得付出的醫藥費。」

每一隻來到群貓會的貓，都有一個不愉快的過去，Elaine沒法改變這些事實，只能盡力改變牠們未來的命運，縱使並不是所有故事都有一個美好的結局。就如二〇一七年群貓會接收的一隻叫做「娟娟」的貓，牠的主人搬走時把牠留在原居地，靠一位好心人給牠餵食。直到有一天，好心人發現娟娟的鼻子受傷了，而且傷口愈來愈大流血不止，經獸醫診斷後發現牠患上了一種罕見的鱗狀細胞癌。好心人無法把牠帶回家中照顧，只能送牠到群貓會。

群貓會會址地方不大，盡量收留病貓、幼貓，健康的貓則會安排領養，領養人須通過群貓會的領養條件，並接受家訪。

這種癌病恐怖之處，除了康復機會微，還有癌細胞會侵蝕貓的器官。不消幾個月，娟娟便失去了一半鼻子，後來連眼睛的位置也塌陷了、牙齒暴露在外。Elaine曾經把娟娟的病情放到網上希望大家認識這個病，但卻引來批評，有人留言指她上載娟娟的相片沒有考慮觀看者的感受，又有人指既然娟娟的情況這麼差，何不把牠人道毀滅呢？「就連群貓會裏也有義工覺得應該把娟娟人道毀滅。」Elaine堅持不安樂死，而娟娟最後在貓舍生活了八個月才離世，縱使不能令牠康復，但至少牠的最後一段路並不孤單。

棄養貓不收

Elaine 還為群貓會立下一條規則，若因分手、懷孕、移民這些原因作為棄養的理由，群貓會是不會接收的。「不想助長棄養，我明白這可能對被遺棄的貓不公平，可是若我收下這隻貓，就會有另一隻有需要的貓沒有機會入住，所以我一定會先救較危急的那一隻。」縱使不收棄養貓，群貓會的貓舍仍然長期收留過百隻貓。「市民見到有受傷的貓會通知我們，有些個案是因為原主人患重病或過身才被迫棄養的，這些貓我們會接收。」

但有些人既然能夠棄養，便乾脆做得絕情一點，直接把貓拋棄到群貓會貓舍的門口，不管貓會否在貓袋裏熱死或有其他意外。「曾經報警，遺棄動物是犯法的，但沒有嚴格執行，勉強落了案也不會有人跟進，不過我們也堅持報警，要讓人知道這事態嚴重。」（註）

近年她發現了一個有效的方法，避免再有人把貓遺棄在貓舍門口。「我們在門口安裝了閉路電視，後來拍到一個棄養者，影了一張很清晰的相、放了上 Facebook，然後就再沒有人敢在門口放貓了。「一定有人批評我們，『不是叫做貓義工嗎？為甚麼不幫我？』我沒有辦法拯救所有的貓，被罵了這麼多年也都麻木了。」

她很少再為遺棄的個案感到憤怒，除了有一次，遺棄者是一個在貓會做了一年的義工。「他說要搬回跟家人住，不能帶走三隻貓，問我可否收了牠們。我說貓舍沒有位了，『如果是我，會選擇出去租劏房給牠們。』」後來 Elaine 得知，那個義工打算把貓送到一間以貓做主題的咖啡店，還有車馬費可收，不過這間咖啡店不懂照顧貓，有很多貓都病了。「本來我絕對不會接收這三隻貓，但有很多義工都叫我幫幫牠們，最終牠們還是來到了貓舍。可是跟很多被遺棄的貓一樣，三隻貓中有兩隻大概知道自己被遺棄了，因而不開心拒絕進食，我們每天都用針筒餵糧，但最後也救不回，幸好另一隻給人領養了。「我非常生氣，因為遺棄者是前義工，口中說自己愛貓，但棄養時還可以不當一回事，後來貓病了，他一次也沒有來看過。」

無悔

不少人都說做貓義工必須要堅強，否則會把自己和貓都拖垮了。而創辦一個拯救貓的團體，帶領義工，就是難上加難。「如果大家是受薪的，他會聽你說。但這裏所有人都是義工，你不是去管理他們，而是要帶領他們行動。」以虐貓案為例，人海茫茫，憑十幾個義工的力量去找兇手，猶如大海撈針。日子久了，義工們的士氣開始低落。「有些義工投訴很累，因為要巡查到夜晚兩、三點，但沒辦法，如果連我自己都不去凝聚他們，他們一定不會再來，唯一可以做的是不斷鼓勵他們，『今晚一起出來巡邏吧』。」

擔起一個會、過百條生命並不是一件容易的事，有時候更只有她一個人獨自面對。群貓會曾在住宅大廈租用單位用作貓舍，縱使已小心處理避免影響他人，但仍引來附近的居民不滿，甚至有區議員向他們迫遷，發信至不同政府部門投訴，更上門跟義工理論。「那時候不但被貼大字報，出入都有人在門口圍堵我們。有些女義工覺得安全受威脅，不敢來當值。所以有段時間，星期一到星期日都只有我一個人當值。」

為免再有「區議員迫遷」的事件再出現，貓會後來搬到一個地鋪，鋪外並沒有招牌，希望盡量低調，同時不想虐貓者或棄養者找上門。

虐貓者與棄貓者的心態，Elaine大概花一輩子也無法明白。她因為愛貓，成為獨立義工，後來與三個志同道合的貓友於二〇〇七年成立群貓會，最初只為方便籌款救貓及可以得到獸醫折扣優惠，後來她發現自己有能力做得更多。「沒想過自己會做義工，對於一個普通人來說這樣的付出好像是遙不可及。」

十一年來她把大部份的時間都放在貓會，為了貓會的支出賣掉自己的物業。樓價近年不斷地攀升，她也抵抗不了昂貴的租金，搬到劏房居住。「會有不習慣，有時也問自己為甚麼會變成這樣。」現實有時令人氣餒，但她始終沒有後悔自己的選擇。因為這一切的付出，換來四千條生命得到重生的機會，值得的。

「很多人問我付出這麼多時間在貓會，會否影響我的生活。其實今天就算我不在貓舍與你談這些，可能

我也只是去了唱K、打機。我覺得與其花時間做這些事，倒不如回來貓舍，這裏令我更開心。貓找到家當然開心，牠們病醫好了又好開心，見到怕人的貓變得親人也會開心。我不是想成為偉人，但我覺得如果可以多走一步，就能夠改變這個世界很多事情，這就是我一直以來的宗旨。」

「令這個世界更美好」的願望聽上來好像是陳腔濫調，但Elaine的確在一步一步地讓更多的貓與牠們的主人幸福地生活。

註：根據香港法例第421章《狂犬病條例》，動物畜養人如無合理解釋而棄掉其動物，即屬違法，可判罰款一萬元及監禁六個月。只不過，要證明寵物主人是蓄意遺棄是極具難度，所以一直以來，只有於二〇一三年成功檢控過一宗，該主人雖被定罪但只被判處罰款五百元，如此低的檢控率及刑罰，可見此法例的阻嚇力極低。

沒有貓
就沒有你

有很多人對「貓義工」都有一個誤解，覺得貓義工都是愛貓成狂，將全副心思、時間、金錢都放在貓身上，導致自己的生活質素下降，甚至連社交生活都沒有了，身邊的朋友、伴侶也被嚇走，只能孤獨與貓過日子。

想幫貓，真的要這樣過日子嗎？答案當然不是。Jaemi 和 Patrick 都是二十來歲的年輕人，錢和空餘的時間都不多，沒有能力投放太多

資源來拯救貓。但因為對於貓的熱愛，希望為牠們出一分力，他們選擇成為香港群貓會的義工，每當星期六不用上班的時候，他們就會到貓舍幫忙清潔及照顧貓，至今已經三年。

Jaemi 和 Patrick 是對情侶，將於二〇一九年三月結婚，他們於貓會認識，不但因為貓而相交，更因為貓而令感情變得更深厚。問他們二人最大的共通點，Jaemi 和 Patrick 都毫不猶疑地說：「就是貓。」

Jaemi 從小怕貓，直到大學時期同住的室友養了一隻貓，她才開始對貓改觀。「初時室友出門時會把貓關在籠內，有一次突然放了牠出來到處走，覺得貓其實沒有我想像中

兩人在群貓會照顧貓培養出默契，也增加彼此的認識，這裏的貓是他們的紅娘，他們也對這裏的貓負責，即使其中一人周末病倒需要休息，另一人也不會失約於貓，照常赴約。

的可怕。」她漸漸喜歡上貓，畢業後不理家人的反對，領養了第一隻貓回家。「最初貓一直放在我房裏養著，但後來我開始請媽媽幫我餵貓、清潔貓砂，久而久之，全家都喜歡上貓了。」婚後她將搬離父母居所，但父母不捨得兩隻貓搬走，她當然也不會遺下兩貓，所以最近正在煩惱這個問題。

至於Patrick，在他六年級的時候，姐姐帶了一隻貓回家，這隻貓在他家生活了十五年，陪伴他度過小學、中學以及大學的時光。十五歲對於貓來說算是長壽，所以對於貓的離去，他當時已有心理準備，沒有太大的傷感，但他的母親不知是否因為不想再經歷這種生離死別的哀傷，不願再養貓。可是他很喜歡貓，在街上看到貓、店鋪裏的貓會主動走上前逗貓。家中不能養貓，他就想到可以到貓會做義工。「很想被貓圍住、看多些貓，所以就去做義工。」

貓是紅娘

他們於差不多的時間加入貓會，同樣選擇星期六的日子到貓舍照顧貓。「有一天工作即將完成，其他義工都走了，只剩下我們兩個，Patrick 走過來問我住在哪裏，然後就問我的電話號碼，我心想大家都是義工，沒理由不給他吧？」問他們二人如何開始，還是女孩子記得比較清楚。

接下來的發展，就如一般情侶，相識、相愛、求婚、計劃將來，唯一特別就是貓在他們的關係一直佔有重要的地位。「每逢星期六就到貓會幫忙，對我們來說拍拖的日子，不用說都一定會在這裏見面。平時拍拖都是逛街、看戲、吃飯，在貓會做義工，覺得是兩個人在一起經歷一些事。」他們異口同聲地說，日久見人心，透過貓，他們漸漸清楚對方的性格。「會救小動物的人不會太差吧。」

Patrick 說自己的女朋友很感性，每

次經歷貓的生與死都會十分眼淺。

「不久前，在上班時得知有一隻貓快要離世，放工後便趕回去看牠最後一面，但到達時牠已經過身了，她馬上就哭了起來。」

「覺得一直好好的，為甚麼突然走得這麼快？」今天提起，Jaemi 也是眼有淚光。對一般二十多歲的年青人來說，死亡是一件很遙遠的事，但在貓舍，死亡則是一件平常事。

「即使是一隻剛入貓舍不久的貓離去，也是一件難過的事，覺得很可惜，剛剛獲救卻捱不過病痛，但後來就覺得，牠們最後能來到貓舍，有瓦遮頭，算是不幸中的大幸。」

「男朋友同樣是義工的好處，就是不用解釋他也明白你為何不開心。我們兩個一起看著貓的變化，一起在貓會裏經歷快樂和傷心。」Jaemi 還記得，她第一次看到死亡的情形，那是一隻免疫系統出了問題的貓，需要輸血，不過牠的A型血較少見，一直找不到合適的貓捐血。「那段日子每天下班後我都去探望牠，見著牠的情況一天比一天差。」然後有一天，離別的日子到了，她提早放工趕回去看牠最後一面。「那時才知道，原來貓死的時候眼是合不上的，因為牠們死後肌肉就會放鬆，怎樣都不能幫牠閉上眼，看到牠這樣我就哭了。」生死是每個人都要學習的課題，經過三年，Jaemi 漸漸懂得面對，每隻貓的離開雖然傷心，但傷心過後，她學會把心神放在需要她的貓上。

與貓一起成長

每一隻來到貓舍的貓，都有各自的故事，加上貓天生不喜歡轉換環境，所以大部份的貓初到貓舍時都對人很有戒心，要靠 Jaemi 和 Patrick 這些義工耐心與牠們相處，一點一點卸下牠們的心防。「我會常常跟牠們說話，例如會說『我又來清貓砂啦』，好像跟一個朋友相處般，你跟牠多些溝通，牠也會漸漸對你有反應。」Jaemi 說。

一般來說，貓舍的貓最少要三、四個月的時間才會開始親近人，有一隻貓甚至用了三年才開始願意讓人觸摸。Patrick 覺得，能夠令貓漸漸產生安全感、開始親人，令牠受到領養者的垂青，帶牠回家，就是身為義工最大的動力。「特別是那些來到貓舍時很瘦弱的貓，能夠養到牠肥肥白白然後送牠回家，雖然不捨得，但同樣有很大的滿足感。」

你永遠都不會知道那些怕人的貓何時變得親人，但要相信牠總有一天會因為你的努力而有所改變。Patrick 記得曾經有一隻懷疑被人由高處丟下來的貓 Chopper，前臂和後腳都斷了骨，花了一段很長的時間才康復。「最初牠又惡又怕人，回到貓會後安排牠和一隻下半身癱瘓的貓同住，牠們的相處很好，只是牠對人依然有戒心，望牠一眼牠已經會很警戒。」後來下半身癱瘓的那一隻貓被人領養回家，Chopper 的態度突然一百八十度改變了，變得極為親人，甚至要「抱抱」，令義工們大為驚喜。「牠的反應令我們覺得牠不是Chopper了，結果有很多人申請領養牠。」

因為貓的幸福而感到快樂，作為義工，Patrick 和 Jaemi 亦會因為貓的不幸而傷心、憤怒，而最令他們憤怒，莫過於貓被領養後再被退回。「有一隻貓被領回家三天就被退回來，原因是領養者覺得貓太親人以及晚上會叫，負責的義工已經解釋貓親人即代表對人有安全感，但他還是堅持把貓退回來。」「領養是一個選擇，他來看貓時就知道牠是親人的，不喜歡的話可以選擇不領養，但既然決定帶貓回家，就要承諾會負起照顧牠的責任。」Jaemi 不明白對方既然不喜歡親人的貓，為何當初要帶貓回家。貓是一種很敏感的動物，幸好這隻貓天生親人，白走了一趟又回到貓舍，仍然活潑好動，但 Jaemi 見過不少貓因為被遺棄而情緒低落，影響健康。「有隻貓被領養幾個月後被領養人退回來，牠原本很親人，回來後懷疑是壓力太大，不斷舔自己的毛，結果牠下半身的毛全被舔掉了。」自己一手一腳照顧的貓被人這樣對待，她心痛得很。

Jaemi 成為義工前，雖然家中有養貓，但她自問照顧貓的能力不足，最初加入貓會，其中一個原因是希望增進照顧貓的知識。三年過去，她現在已是個「熟手技工」，只不過，她有時還會力有不逮的感覺。「怕自己不夠細心，影響了牠們的健康。」

「有一天回到貓舍，看到一隻初生小貓攤在籠裏，沒有了氣息，立即和另一個義工帶牠去看醫生，發現牠的血糖低到驗測不到，我們要不停為牠打葡萄糖水及餵牠進食，才開始有呼吸。」事後他們檢討，覺得除了可能是小貓先天健康不足，亦有可能是義工少餵了一餐。「初生的貓少餵一餐已可能會把牠們餓死，我常常都害怕會有這樣的情況發生，少餵一粒藥或放少了糧水而影響了牠們的健康。」

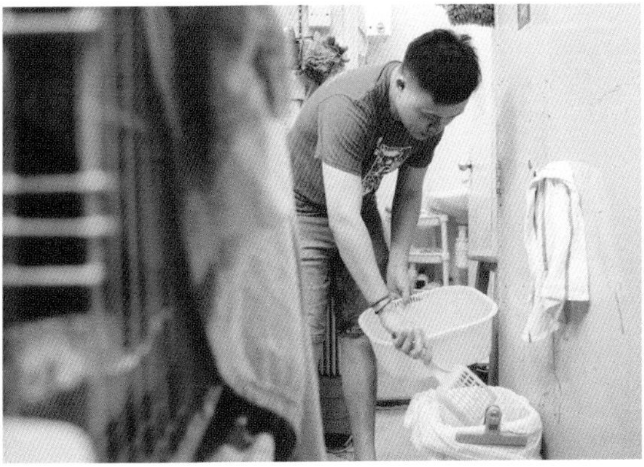

貓會的工作並不只是陪貓玩。每次他們都需要清潔貓籠，為貓換水、換糧、餵藥，做完一切例行工作才與貓玩。

人人都可以是義工

Patrick則對義工的工作從沒感到壓力，不過無論是Jaemi還是Patrick，過了三年，每個星期六對於他們而言仍是十分期待的一天。

「有時也想在星期六多睡一會，但最後還是在貓舍出現。現在的心態覺得雖然做義工需要付出，但同樣變成了我的娛樂。」Patrick的家現在已沒有養貓，所以他更期待星期六的來臨。「星期一至五見不到貓，所以很喜歡星期六，可以享受被貓簇擁的感覺，尤其是有幾隻特別喜歡的，就更想回去看牠們。」

相對其他義工的故事，我覺得Jaemi和Patrick這一對多了幾分快樂，這種快樂不止於相愛的人一同完成一件事，更是令我感受到他們的確很享受為貓所做的事。

人人都說，在香港生活，理想很容易就被現實淹沒了。其實救貓的工作也不例外，最初會選擇救貓的人，當然是喜歡貓，但日子久了，就發現並不是一句喜歡就能抵得上所有心理、生理、物質上的付出。到最後，義工中有些人可能會選擇離去，留下的，亦可能已筋疲力盡，要堅持的確不容易。

Jaemi在成為貓舍義工前，曾考慮做為暫託義工，幫一些獨立義工照顧幼貓。「一開始想做一些在家亦能幫到貓的事，但後來覺得自己留在家裏的時間也不多。而且成為獨立義工後，所有事情也要自己處理，我覺得年輕人在時間、能力或財政上未必能夠負擔，便選擇當貓會的義工。希望選擇一個自己喜歡、應付得到的模式，然後持之以恆。」

要全身投入救貓，還是一星期抽出一天到貓會幫忙，都是個人的選擇，最重要是能夠找一條自己喜歡的、持久的路。也許貓會義工的貢獻、付出沒有一個獨立義工那麼多，但再少的貢獻也是一個貢獻，況且，能找到一個願意付出的人已不是易事。

「這三年見證超過一百個人參加貓會的義工迎新課，但最後會留下來成為義工的卻很少。」Patrick說這可能是時間問題，亦可能是大家以為義務工作等於來與貓玩耍。「迎新課會講解義工有甚麼工作，包括是清潔、餵食，有時會聽到有些反應是『吓，要做這些？』又有些人全程沒有留心聽，只顧伸手進貓籠摸貓，玩貓多過聽你講話，這些人多數不會再來。」

每次當值，他們都要清理三、四十個貓籠，然後給貓餵糧水，替生病的貓餵藥、打皮下水，常常由早上十點忙到下午三、四點才能完成工作，然後才有時間真正與貓玩耍。但Patrick覺得只要有貓在，即使是清潔的工作也令他稱心滿足。

「清潔時牠們的反應很可愛，有的會定睛一直看著你，有的則會跳來跳去。」整個訪問期間，Patrick 從沒有掩飾他對貓的鍾愛，問他如何看待旁人總覺得貓義工就是貓癡，他只笑說，「不用澄清，我根本就是貓癡。」

大半年後，他們便踏進人生新一個階段，計劃將來會生兒育女，但從沒有想過要放棄貓會的貓。「懷孕時及 BB 剛出世時可能要暫停一會，但以後一定會繼續。將來有了自己的家，亦可能會嘗試做暫託，從不會覺得有小朋友和救貓兩者有衝突。」

「在貓會是大家一起合作，不用自己一個人去面對，不難堅持。」更重要，還有最愛的人陪伴一起渡過所有的快樂與悲傷。

後記

HEREAFTER...

漢堡包與皇后（忌廉與可樂）

漢堡包之所以離開別墅區，是因為病倒了。

某天，餵貓的街坊發現漢堡包腹部腫脹，就像皮膚包著個小氣泡。醫生診斷為小腸氣，要動手術。

漢堡包本來就非常貪吃，體重大超標。留在街上，寵牠們的人很多，一眾別墅貓一天可吃五、六餐，漢堡包只會愈來愈肥。

既然捉到了，大家就決定要為漢堡包找個新家。後來又覺得把漢堡包和皇后分開實在於心不忍，因為牠們倆感情很要好。

最後兩個一起入屋了，由其中一個餵貓街坊收編。此後仍然是一時糖黐豆、一時水溝油，跟未入屋時一樣。

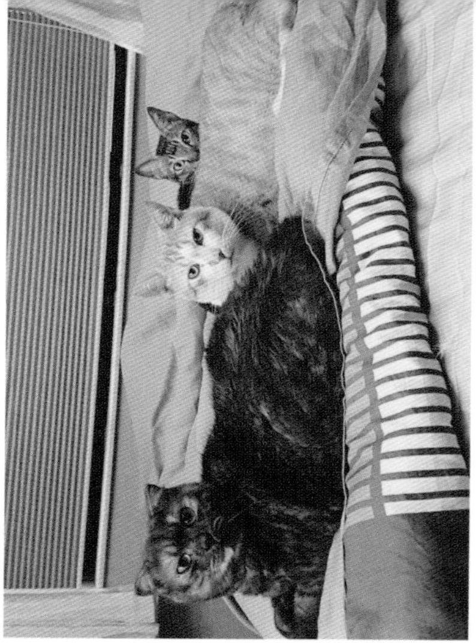

老黃白（MARK 哥）

隨著時間對家人建立起信心。入屋後才展現典型公貓性格，決心建立地盤，絕育後稍有收斂。與另一公貓米高關係撲朔迷離，又愛又恨。

在 Facebook「8A 的貓貓」可以知道牠近況。

灰姑娘（香香）

香香入屋後躲了近兩星期，才開始對人建立起信心。一旦有了信任，就迅速變得很黏人，時間到了會在門口迎接家人，晚上要跟家人一起睡。

總於擺脱了終日誠惶誠恐的日子。

鬆尾黃

鬆尾黃多年來一直在橋底至學校一帶出沒。某天來了一隻新公貓，整天打打殺殺要佔地盤，把鬆尾黃打傷。多威武的貓，也有衰老的一天。目前鬆尾黃在街坊家中休養。

拾貓

TAKE MEOW HOME

石樂彤——著
葉漢華——攝影

責任編輯　莊櫻妮
書籍設計　嚴惠珊

出　　版　三聯書店（香港）有限公司
香港北角英皇道四九九號北角工業大廈二十樓
JOINT PUBLISHING (H.K.) CO., LTD.
20/F., North Point Industrial Building,
499 King's Road, North Point, Hong Kong

香港發行　香港聯合書刊物流有限公司
香港新界大埔汀麗路三十六號三字樓

印　　刷　美雅印刷製本有限公司
香港九龍觀塘榮業街六號四樓A室

版　　次　二〇一八年七月香港第一版第一次印刷

規　　格　特十六開（150mm × 210mm）三〇四面

國際書號　ISBN 978-962-04-4379-4

三聯書店
http://jointpublishing.com

JPBooks.Plus
http://jpbooks.plus